MW01711182

1. Le souffle des sorcières

Catalogage avant publication de Bibliothèque et Archives nationales du Québec et Bibliothèque et Archives Canada

Sydenier, Millie, 1986-
Les sorcières de Salem
Sommaire: t. 1. Le souffle des sorcières.
Pour les jeunes de 12 ans et plus.
ISBN 978-2-89585-029-8 (v. 1)
ISBN 978-2-89585-030-4 (v. 1)
1. Sorcellerie - Massachusetts - Salem - Romans, nouvelles, etc. pour la jeunesse. 2. Salem (Mass.) - Histoire - ca 1600-1775 (Période coloniale) - Romans, nouvelles, etc. pour la jeunesse. 3. Procès (Sorcellerie) - Massachusetts - Salem - Romans, nouvelles, etc. pour la jeunesse. I. Titre.
II. Titre: Le souffle des sorcières.
PZ23.S9685So 2009 j843'.92 C2009-941099-0

Illustration : Sybiline

Les Éditeurs réunis bénéficient du soutien financier de la SODEC et du Programme de crédit d'impôt du gouvernement du Québec.

Nous remercions le Conseil des Arts du Canada de l'aide accordée à notre programme de publication.

Édition :
LES ÉDITEURS RÉUNIS
www.lesediteursreunis.com

Distribution au Canada :
PROLOGUE
www.prologue.ca

Distribution en Europe :
DNM
www.librairieduquebec.fr

Imprimé au Québec (Canada)

Dépôt légal : 2009
Bibliothèque et Archives nationales du Québec
Bibliothèque nationale du Canada

Millie Sydenier

Les Sorcières de Salem

1. Le souffle des sorcières

LER
LES ÉDITEURS RÉUNIS

Dans la série
LES SORCIÈRES DE SALEM

Tome 1 : Le souffle des sorcières
Tome 2 : La Confrérie de la Clairière
Tome 3 : La prophétie de Bajano

À paraître :
Tome 4 : L'alliance de Terwik
Tome 5 : La danse du chapardeur

Avertissement

Les faits relatés dans ce livre ne sont pas rapportés par l'Histoire. La plupart des personnages du livre ont bel et bien existé sans que je puisse leur prêter les actions que je narre. Au XVIIe siècle, il s'est produit à Salem des événements dramatiques dont je me suis inspirée pour créer cette série. Mais qui sait ? peut-être que l'Histoire telle que nous la connaissons cache en son sein des éléments que nous ne sommes pas en droit de connaître…

M.S.

1

Le soleil pointait déjà à travers les carreaux des fenêtres des chambres. Passant par les lourds rideaux de velours rouge, il donnait aux pièces une ambiance chaude et accueillante. Dans chacun des grands lits en bois sombre émergeait des volumineuses couvertures une tête brune ou noire. Les deux jeunes filles étaient profondément endormies, encore bienheureuses dans la chaleur de leurs draps de soie, le visage enfoui dans les oreillers de plumes d'oie. Sept heures venaient de sonner, et bientôt la femme de chambre viendrait les réveiller. La journée promettait d'être belle et on entendait déjà les oiseaux pépier gaiement dans la fraîcheur matinale. L'automne s'était installé il y a quelques jours et le temps était doux, un peu frais parfois, mais tellement agréable.

Sans frapper à la porte, Cathy entra dans la première chambre. Se penchant sur le lit, elle murmura :

— Miss Betty, il est l'heure. Le petit-déjeuner est servi et il fait si beau dehors. Levez-vous vite !

Betty grommela quelques mots que Cathy ne comprit pas et celle-ci, haussant les épaules, alla ouvrir les grands rideaux. Le soleil s'en donna à cœur joie et illumina le moindre recoin de la chambre. Un petit rayon caressa même le nez de Betty, la forçant à tourner la tête. Cathy se rendit dans la chambre attenante et murmura les mêmes paroles à Abigail. La réaction de la jeune fille fut quelque peu différente de celle de sa cousine. Après un grognement enjoué et plusieurs étirements, elle se redressa entre les draps. Abigail était si belle avec son sourire rose, ses fossettes et son nez en trompette. Ses yeux avaient une lueur espiègle mais il y flottait une certaine retenue et son âme de rêveuse perçait à travers ses iris. Elle regarda par la grande fenêtre. Le temps était délicieux, les arbres aux couleurs mordorées du jardin frémissaient tranquillement sous une légère brise qui faisait danser les feuilles. Descendant de son lit, elle ouvrit grand les battants et huma intensément l'air automnal.

— Cathy, as-tu vu ce temps magnifique ? Quelle belle journée !

Abigail passa la porte attenante à la chambre de Betty et sauta sur le lit de sa cousine.

— Allez ! Lève-toi ! Tu ne veux pas aller courir dehors ? C'est notre journée de repos. Oncle Samuel nous laisse tranquilles aujourd'hui ! Nous avons toute la journée pour nous amuser !

— J'aimerais mieux commencer mes journées de repos par dormir un peu. Pourquoi avons-nous besoin de nous lever si tôt ? C'est tellement inhumain.

— Mais pour profiter de la journée, évidemment ! Allez, viens avec moi ! Allons prendre notre petit-déjeuner, ensuite nous irons jouer dehors ! »

Et Abigail sortit précipitamment de la chambre de sa cousine, ses longs cheveux bruns et bouclés voletant sur ses gracieuses épaules à la peau blanche. Dévalant le grand escalier qui menait au rez-de-chaussée sans jeter un coup d'œil aux portraits d'ancêtres qu'elle avait vus cent fois, elle entendit Betty se lever. Elle courut jusqu'à la cuisine d'où s'échappaient d'alléchantes odeurs et souhaita le bonjour à tous les domestiques qui s'y affairaient.

— Bonjour, miss Abigail. Avez-vous bien dormi ? demanda la cuisinière, une grosse dame joufflue à l'air frais et rose.

— Oh oui, très bien, miss Salinger, comme un bébé. Comme toujours d'ailleurs, ajouta la jeune fille, malicieuse. Qu'est-ce que cela sent bon ! Que nous préparez-vous ?

— Ttt ! C'est une surprise, miss, pour le souper. Et vous ne le saurez pas avant, ni ne goûterez à quoi que ce soit, dit-elle en donnant un coup de cuillère sur la main d'Abigail qui s'était approchée d'une grosse marmite et se préparait à y plonger un doigt. Filez prendre votre petit-déjeuner et courez vous amuser ! »

Riant, Abigail obéit avec plaisir à miss Salinger. Quoi que la cuisinière prépare, ce sera un régal !

Elle retrouva Betty attablée dans la salle à manger. La pièce avait quelque chose d'austère avec toutes ces grandes bibliothèques vitrées qui laissaient apparaître les tranches de livres anciens et précieux, ces icônes christiques et ces tapisseries guerrières. L'âtre en pierre de l'immense cheminée, noir de suie, faisait penser à une bouche dévorante et les tapis qui recouvraient le sol n'égayaient en rien la morose pièce. L'immense table en chêne avait été dressée à un seul bout, et on aurait pu y ajouter une trentaine de convives sans que ceux-ci soient serrés. Le pain était chaud et embaumait la pièce. Les fameuses confitures de miss Salinger leur mirent l'eau à la bouche. Les deux filles mangèrent avec appétit sans parler puis, ayant terminé leur repas, elles se regardèrent et posèrent la même question :

— Qu'allons-nous faire ?

Elles éclatèrent de rire et décidèrent finalement d'aller se promener à travers les champs afin d'atteindre la forêt de Belwack. C'était leur endroit préféré. Le bois de Kyron était tout aussi beau mais un peu plus éloigné. Peut-être s'y rendraient-elles dans l'après-midi.

Elles sortirent sous le soleil éclatant, écoutèrent un instant les oiseaux. Tout en admirant les couleurs fauves de l'automne, elles se dirigèrent vers les hautes herbes parfumées qui bordaient l'arrière de leur demeure. Bras dessus, bras dessous, les deux cousines bavardaient comme des sœurs, de tout et de rien, appréciant le plaisir d'être ensemble encore aujourd'hui. Abigail était arrivée chez Betty Parris il y a quatre ans, lorsque ses parents, d'humbles tenanciers d'épicerie dans un village près de la Nouvelle-Amsterdam, avaient été cambriolés puis froidement assassinés. Fille unique, Abigail s'était retrouvée orpheline. Le révérend Samuel Parris, frère aîné de la mère d'Abigail, avait décidé de la recueillir pour que sa fille, Betty, ait une présence féminine. Sa mère était décédée à sa naissance. De plus, les deux enfants avaient le même âge. De leurs retrouvailles était née une amitié sans faille ; le désespoir les avait jetées dans les bras l'une de l'autre et rien ne les avait jamais séparées.

Leurs légers souliers de cuir à boucle ne faisaient aucun bruit sur le chemin parsemé de gravillons et d'herbe sèche. Le vent soulevait leurs robes légères, bleue pour l'une, jaune pour l'autre, agrémentées de dentelles, d'une collerette et de petits nœuds de soie. Aucune des deux jeunes filles n'avait pris la peine de se munir de son ombrelle ou de son chapeau. Leurs socquettes blanches étaient déjà noires de terre. Les cheveux d'Abigail cascadaient gracieusement. Les traits des cousines étaient fins et, si on ne connaissait pas leur tragique histoire, on aurait pu les prendre pour des sœurs. Pourtant, Betty avait déjà les traits d'une femme. Ses longs cheveux noirs retenus négligemment par un chignon dont s'échappaient des dizaines de mèches, son nez fin, ses yeux verts pailletés d'or et son sourire déluré lui avaient déjà donné une cour de prétendants parmi la jeunesse de Salem. Du haut de leur quatorze ans, les deux jeunes filles étaient étrangement fascinantes pour tous les habitants du village.

Elles atteignirent la forêt encore silencieuse et pénétrèrent sous le couvert des grands arbres. Hêtres, frênes, chênes, bouleaux, marronniers... Tous étaient si beaux. Abigail ne se lassait jamais de les contempler tandis que Betty préférait les escalader. Elles se mirent à jouer et se poursuivirent en se cachant derrière les troncs centenaires des arbres qui fendaient les cieux. Le sol craquait sous leurs pas. Une épaisse couche de feuilles mortes et de mousse spongieuse s'était déposée et la forêt était si dense que les rayons du soleil avaient bien du mal à percer la futaie.

— Et si nous ramassions des châtaignes pour les faire griller ce soir sur le feu? Je suis sûre que papa serait content! s'exclama Betty.

— Nous n'avons pas emmené de panier. Dans quoi les mettrons-nous?

— Eh bien… dans les poches de nos robes! Après tout, ce n'est pas si grave si nous les salissons.

Elles entreprirent donc leur chasse aux châtaignes. Lorsqu'elles furent fatiguées de parcourir le sol à quatre pattes et que leurs poches débordèrent de bogues piquantes, elles s'allongèrent à l'orée du bois pour admirer le ciel. De légères écharpes de nuages flottaient dans l'air; elles s'amusèrent à y voir des personnages.

Lorsque le soleil eut atteint son zénith, elles décidèrent de rentrer chez elles pour déposer les châtaignes puis de repartir se promener. Elles sortirent donc gaiement de la forêt, sautillant entre les herbes. Elles épièrent une fourmilière ainsi qu'un joli oiseau rouge qui ramassait des brindilles, sûrement pour construire son nid.

Avant qu'elles atteignent la rivière qui bruissait tranquillement sous les saules qui bordaient son lit, une voix retentit derrière elles. Abigail et Betty se retournèrent d'un même geste et poussèrent un soupir d'exaspération.

— Abigail, Betty, attendez-moi! cria la voix stridente.

Ann Putnam… Cette peste d'Ann Putnam! Celle-ci s'approcha, une ridicule ombrelle à la main, ses cheveux blonds parfaitement retenus par des rubans et des barrettes. Elle marchait d'un air guindé, le menton levé vers le ciel, les pieds en canard comme si le sol en dessous d'elle n'était pas digne de la porter.

— Bonjour, mesdemoiselles, dit-elle, l'air hautain et la bouche pincée. Oh ! Comme vos robes sont sales ! s'exclama-t-elle en jetant un regard de dédain aux deux jeunes filles.

Ann Putnam, la fille d'Astor Putnam, l'homme le plus influent du village. Le révérend Parris avait mis en garde ses filles : « Je sais parfaitement que vous n'aimez pas la jeune Ann. Mais son père est le plus grand bienfaiteur de l'église et c'est grâce à sa famille que nous vivons dans cette splendide maison. Alors je compte sur vous pour être aimables avec Ann même si cela doit vous coûter. »

— Savez-vous où je suis allée hier ? demanda Ann.

— Non, grommela Betty.

— Mais à Boston, voyons ! Ah ! Père m'y a emmenée pour que je m'achète de nouvelles robes. Voyez… N'est-elle pas magnifique ? ajouta-t-elle en tournoyant sur elle-même.

Abigail et Betty avouèrent qu'elle était splendide. Les manches courtes et le col rond étaient en dentelle et la toilette était d'une belle couleur saphir. Le tissu brillait sous le soleil et un fin ruban d'un bleu plus clair ceignait la taille de la jeune fille.

— Qu'avez-vous donc fait pour vous salir de la sorte ? Betty, ton père ne serait sans doute pas content d'apprendre que sa fille court les bois comme une vulgaire fille de paysan !

Ulcérée, Betty lui répondit d'une voix doucereuse :

— Au contraire, mon père pense qu'il nous faut découvrir la campagne et apprendre que tout ne nous est pas dû dans la vie. Il dit que cela fera de nous des femmes bonnes, honnêtes et généreuses. Peut-être que ton père aurait dû faire de même pour toi !

Abigail sentit l'ambiance se figer. Désireuse de maintenir une entente cordiale, elle demanda à Ann :

— Nous venons de ramasser des châtaignes et nous nous rendions les déposer à la maison. Veux-tu nous accompagner ?

Après une hésitation travaillée, Ann accepta. Toutes trois se mirent en route et Abigail et Betty endurèrent le babillage d'Ann.

— Vous savez, à Boston, personne ne savait que je venais d'un village perdu dans la campagne. Tous pensaient que j'étais une femme du monde. J'ai rencontré beaucoup de gens. La duchesse de Willancourt, le comte de Seray et même la comtesse Alice de Lawson. Celle-ci m'a trouvée tellement charmante ! s'exclama-t-elle dans un rire de gorge parfaitement insupportable. Mais excusez-moi, il est parfaitement impoli de parler de personnes que vous ne connaissez pas et que vous ne rencontrerez sûrement jamais, ajouta-t-elle, dédaigneuse et méprisante.

Elles étaient arrivées devant la maison des Parris et la grande grille en fer forgé était ouverte. Un petit chemin de galets blancs serpentait jusqu'à la lourde porte en bois de l'entrée. La maison était en pierre grise et les colonnes du porche rendaient un bel effet. Des fleurs décoraient toutes les fenêtres des étages. C'était la passion de la défunte femme du révérend et celui-ci, lorsque son épouse était décédée, lui avait promis de s'en occuper toujours. Il avait tenu parole et la maison des Parris était la plus fleurie du village.

— Veux-tu entrer, Ann ? demanda poliment Abigail. Nous pourrions t'offrir un verre de lait ou de thé glacé peut-être ?

— Oh non ! Il est absolument hors de question que j'entre ! Je vous attends ici. Ne traînez pas !

Abigail entraîna Betty à sa suite avant que celle-ci ne fasse quelque chose qu'elles regretteraient toutes les deux.

— Moi, madame, je suis une femme du monde. La comtesse de machin et le duc de truc… Gnagnagna ! Oh ! Je ne la supporte plus ! Quelle horrible peste ! Quelle affreuse sorcière !

— Allez, Betty, un effort ! Pour ton père ! Tu sais, la méchanceté devrait être excusée quand elle vient de la bêtise !

Éclatant d'un grand rire, elles se rendirent à la cuisine pour y déposer leur butin. Au passage, elles chipèrent un morceau de pain. Elles retrouvèrent Ann à l'endroit où elles l'avaient laissée.

— Nous comptions retourner à la forêt de Belwack ou peut-être ramasser des champignons au bois de Kyron. Est-ce que cela te tenterait ?

— Bien sûr que non ! Je ne veux pas ressembler à une souillon ! Allons nous asseoir et bavardons !

— Avec plaisir, soupirèrent les deux filles.

Elles s'installèrent au soleil sur un coin d'herbe plat. Ann sortit de son sac une petite couverture qu'elle étendit soigneusement sur le sol avant de s'asseoir dessus avec une grâce exagérée. Elle ne la partagea pas avec Abigail et Betty qui s'étendirent dans l'herbe.

— Savez-vous ce qu'on raconte en ville ? demanda Ann.

— La comtesse de chose a découvert la lecture ? ricana Betty.

— Comme tu es insolente ! Non ! On dit que des sorcières auraient été découvertes dans les villages alentour.

Étonnées par le fait qu'Ann parle de quelqu'un d'autre qu'elle-même et intéressées par ce sujet palpitant, les deux filles se redressèrent et accordèrent toute leur attention à Ann.

— On dit que des choses étranges arrivent dans les villages. Des nouveau-nés meurent, des bêtes aussi. Il paraît que des troupeaux entiers sont décimés. Un homme a même vu sa maison brûler dans un incendie qui sortait de son puits. Est-ce que vous vous rendez compte ? De son puits !

— D'où cela vient-il ? Comment explique-t-on ces événements ? interrogea Betty. C'est étrange tout de même…

— Personne ne le sait. C'est pour cela que les gens pensent à des sorcières. Des femmes sont arrêtées dans des villages et brûlées vives, et pendues aussi, déclara

Ann, un horrible sourire aux lèvres. Je le sais, on me l'a dit à Boston. On m'a parlé d'enfants qui sont morts à peine sortis du ventre de leur mère. Et tous ces troupeaux ! On dit que les bêtes sont couvertes d'énormes boutons noirs et suintants. Et qu'elles meurent dans les heures qui suivent l'apparition de ces horreurs. Si ce n'est pas l'œuvre du diable, qu'est-ce que c'est ?

— Mais pourquoi les gens tuent-ils ces femmes ? demanda Abigail, horrifiée par ce qu'elle venait d'entendre.

— Que veux-tu qu'ils fassent d'autre ? Il faut bien s'en débarrasser. Ce sont des démons, des filles du diable, des suppôts de Satan, des descendantes de Méphistophélès ! s'emporta Ann.

— On sent que tu as travaillé ta Bible ! rigola Betty.

— Fais bien attention à toi, Betty Parris, gronda la jeune fille.

— Mais ces femmes… Sont-ils sûrs que ce sont des sorcières ? Comment le vérifient-ils ?

— À vrai dire, ils l'ignorent. On dit qu'ils vont les chercher dans les forêts. Faites attention à vous, mesdemoiselles ! ricana Ann. Ils ne savent pas vraiment si elles sont possédées ou non, mais il faut bien stopper ces folies ! J'ai même entendu dire qu'ils avaient pendu une femme et sa fille car elles traçaient des signes cabalistiques sur le sol devant leur maison.

— Comment peuvent-ils savoir qu'il s'agissait de signes diaboliques ?

— Je ne sais pas, s'emporta Ann. Et de toute façon, je n'y étais pas.

— Alors tu devrais te méfier de ce que tu racontes, Ann Putnam, déclara Betty, hargneuse. Les rumeurs et les commérages peuvent mettre en branle des choses regrettables.

Furieuse, Ann tourna ostensiblement le dos aux deux filles et cessa de parler. Mais ne pouvant tenir sa langue plus longtemps, elle reprit son récit sur Boston.

— Père m'a emmenée au Grand Théâtre de Boston. Nous étions dans la loge de sir John Hathaway, vous savez ?, l'illustre sir John, celui qui rédige, dit-on, la plus grande œuvre des temps sur la société bostonienne. C'est un illustre ami de Père. Oh ! Mais suis-je bête ! Comment pourriez-vous le connaître ? Vous n'êtes jamais sorties de votre campagne, mes pauvres enfants ! Toujours est-il qu'on y jouait une comédie, une farce pour être précise. Les artistes étaient si drôles. L'un d'eux m'a même demandé si je ne voulais pas être actrice. Il disait que j'étais magnifique et qu'un rôle de princesse me conviendrait parfaitement. Mais je ne veux pas me lancer dans cette existence bancale et inadéquate à quelqu'un de mon rang. Comédienne ! s'exclama-t-elle tandis qu'un rire la secouait. Et pourquoi pas tragédienne !

Abigail et Betty se regardèrent. Elles se demandaient ce qui pouvait autant amuser Ann. Elle n'avait pourtant rien dit de drôle.

— Alors, que voudrais-tu faire ? demanda Abigail.

— Eh bien, je ne sais pas, consentit Ann. Me marier sans doute ! Avec un homme fort, beau et riche. Aller vivre à la ville, être une femme du monde.

— Tu n'as pas un autre rêve ?

— Un rêve ? Mais les rêves sont pour les enfants ! Ne me dis pas que toi, tu en as un, Abigail ? demanda Ann en éclatant de rire.

— Si, j'ai un rêve...

— Ah ! souffla Ann, grandiloquente. Quand te rendras-tu compte que les chimères et les illusions ne comblent pas une vie ?

— Quand toi-même tu verras qu'il n'y a pas que ta petite personne qui est importante ! se défendit Abigail. J'ai un rêve et j'en suis fière. Je veux travailler dans une bibliothèque. Je veux apprendre et lire. Il y a tant de choses dans ce monde qui ont été écrites. Je n'aurai pas assez d'une vie pour tout lire, mais je veux en connaître le plus possible !

— Ah, ma pauvre Abigail ! Toi et tes livres ! Ce n'est pas ce que j'appelle un avenir palpitant. Mais si tu y tiens... Pourquoi pas ? Après tout, ce n'est pas à moi que ça arrivera !

Ann éclata de rire. Et même si elle était très jolie, même si ses belles dents blanches brillaient, Abigail et Betty ne virent qu'un monstre devant elles. Un affreux monstre au nez de cochon et aux dents trop grandes, aux yeux révulsés et à la bave aux commissures des lèvres. Il n'existait pas au village une fille plus méchante qu'Ann Putnam.

2

Tandis qu'Abigail et Betty n'en pouvaient plus d'entendre pérorer Ann, les ombres s'allongeaient et les deux jeunes filles déploraient la perte de leur journée de repos. Abigail se redressa sur son séant et laissa son regard se perdre sur le paysage. Elle aperçut quelqu'un qui approchait. Oh ! C'était Ezra, l'apprenti boucher du village. Un jeune orphelin que les deux filles adoraient. Il avait toujours une bonne histoire à raconter et, à vrai dire, Abigail le trouvait charmant. Elle lui adressa un signe de la main auquel il répondit, enjoué. Ann se retourna pour voir qui était l'opportun qui venait interrompre son récit ; quand elle découvrit Ezra, elle laissa échapper un grognement d'exaspération. Encore ce traîne-misère ! Décidément, les filles Parris devraient faire attention à leurs fréquentations !

Lorsqu'Ezra croisa le regard haineux d'Ann Putnam, il eut un mouvement de recul. Il ne voulait pas de problèmes et bien qu'il ne l'aimât pas, il évitait d'être insolent avec elle. Hank, le boucher, était payé par Astor Putnam – donc, par le fait même, Ezra aussi – et c'était ce dernier également qui avait autorisé Hank à l'engager. Ezra devait donc beaucoup au père d'Ann.

Il jeta un regard à Abigail pour lui faire comprendre qu'il reviendrait plus tard. Mais lorsqu'il vit ses yeux implorants, il se laissa lourdement tomber entre elle et Betty.

— Bonjour, Ezra, dit Betty gaiement. Alors, comment s'est passé ta journée ?

— J'ai beaucoup travaillé, répondit le garçon de sa voix grave en montrant ses mains.

Les deux jeunes filles éclatèrent d'un rire mi-amusé, mi-écœuré. Les mains d'Ezra étaient rouges. Le sang s'était niché autour et sous ses ongles, et même à l'intérieur des ridules de ses paumes. Une légère odeur de viande flottait autour du garçon, mais elle n'incommodait pas ses amies. Bien au contraire. Elles attendaient toujours Ezra avec impatience parce qu'il avait seize ans et que ses histoires les faisaient rire autant que hurler de peur.

— Hank m'a donné un bœuf entier aujourd'hui. Et j'ai dû le dépecer, le vider et l'apprêter. Ce fut un rude labeur, mais je n'en suis pas mécontent. Hank a trouvé que j'avais bien travaillé et il m'a laissé libre pour la fin de la journée. Je n'ai pas eu le temps de me laver et je comptais aller plonger dans la rivière.

— Il te faudrait bien plus d'une rivière pour que tu sois propre, pauvre sans-le-sou. Ta présence nous gêne et ton odeur encore plus. Je te prie de filer.

Ezra la regarda, un léger sourire sur les lèvres, et il s'étala de tout son long, les bras et les jambes écartés. Son pied droit entra en contact avec le beau drap blanc d'Ann. Celle-ci se leva d'un bond en hurlant :

— Mais regarde ce que tu as fait, espèce de sans famille ! Un drap tout propre ! N'as-tu pas honte d'importuner les honnêtes gens ? Je vais aller dire à mon père de te chasser du village, de te bannir. Hank devra lui obéir et tu n'auras plus de travail.

Ezra l'écouta tranquillement, les yeux au ciel. Puis il se redressa et lui dit, calmement :

— Je suppose que c'est toi qui me remplaceras ?

— Te remplacer ? Mais où ça ? demanda Ann, furieuse et perdue.

— Eh bien, à la boucherie. Hank a besoin de quelqu'un et si je pars, tu prendras sans doute ma place.

Hébétée, Ann ne pensa même pas à répliquer. Abigail et Betty rigolaient le plus doucement possible devant son air stupide. Décidément, Ann était peut-être la meilleure pour médire mais elle n'était même pas capable de se défendre. Finalement, Betty dit :

— Allons, ne nous disputons pas, cela ne sert à rien. Profitons de la journée. Ann, continue donc à nous raconter ta journée à Boston. Nous n'en avons presque pas entendu parler.

Ann consentit à poursuivre sans relever l'ironie dans la voix de Betty. Mais son récit était entrecoupé de coups d'œil outragés à Ezra qui ne s'en souciait guère. Il restait allongé dans l'herbe fraîche, sa main frôlant celle d'Abigail. Après avoir fait remarquer plusieurs fois qu'une mauvaise odeur traînait dans l'air, et sans obtenir de réponse satisfaisante, Ann se leva, droite et guindée, et déclara :

— Je rentre. Une leçon de piano m'attend et je suis fatiguée. La journée a été dure et la compagnie n'a pas été des plus agréables. Au revoir, mesdemoiselles.

Et Ann partit d'un pas vif, avec le menton levé haut vers le ciel, le dos droit et sur son visage pâle un air de dédain remarquable.

Dès qu'elle se fut éloignée, Ezra éclata d'un grand rire clair qui fit sursauter Abigail et Betty avant qu'elles ne se joignent à lui.

— Alors, mesdemoiselles, que diriez-vous de m'accompagner à la rivière pour que je m'y baigne puis de vous rendre au bois de Kyron ?

— C'est exactement ce que nous avions prévu de faire.

Et les trois amis partirent tranquillement, profitant enfin du calme et de la beauté du paysage. Ezra leur montra dans le ciel le soleil qui déclinait vers l'ouest tandis que la lune se levait à l'est. Elles restèrent longtemps à admirer ce prodige puis elles coururent à la suite d'Ezra qui, avec ses longues jambes musculeuses, avançait à bonne vitesse.

Au village, tandis qu'elle marchait au hasard, Ann croisa Rebecca Nurse, la boulangère. Celle-ci s'arrêta à sa hauteur pour lui parler. Pour Ann, Rebecca était insignifiante et ses guenilles ne valaient qu'un froncement de nez des plus dédaigneux. Mais elle souhaitait conserver son image et celle de son père, alors elle retint ses mots blessants.

— Comment vas-tu, ma petite Ann ? Ton séjour à Boston t'a-t-il plu ?

— Oh oui, beaucoup, Mrs. Nurse, je vous remercie. La ville est si belle et Père m'a emmenée dans des endroits magnifiques.

— Tu as beaucoup de chance, Ann, d'avoir un papa aussi gentil avec toi. Tu sais, je ne suis jamais allée en ville, moi. Cela fait trente-six ans que j'habite Salem, soit toute ma vie, et je n'en suis jamais sortie.

— Il est vrai que ce n'est pas donné à tout le monde, déclara Ann, suffisante.

— Et d'où viens-tu à l'instant ?

— Oh, ne m'en parlez pas ! Je me trouvais avec les filles Parris. Père m'oblige à les fréquenter, mais c'est un supplice. Saviez-vous qu'Abigail Williams avait elle-même tué ses parents pour bénéficier du luxe et du prestige de la famille Parris ? De son éducation aussi. Il est évident qu'une fille de vulgaires épiciers n'aurait même jamais pu apprendre à lire.

— Je te trouve bien dure, Ann. Abigail est adorable et…

— Je sais bien que vous les défendez, Mrs. Nurse, comme tous les habitants de ce village. Mais je sais de quoi je parle. Il se passe des choses étranges dans leur maison. Tenez, hier, j'ai surpris Betty dans les bras d'un des marmitons de sa maison. Ne trouvez-vous pas qu'une telle attitude est scandaleuse ?

— Mmm... Ann, je ne voudrais pas te contredire, mais... ne te trouvais-tu pas à Boston hier ? demanda Rebecca Nurse, partagée entre le rire et la colère.

Furieuse, Ann s'en alla rapidement. Rebecca, qui croisa une dame du village, lui raconta ce que venait de lui dire la petite Putnam.

— Oh, c'est bien malheureux ! dit la dame. Une si jolie jeune fille, mais pourrie à l'intérieur. Son père doit être tellement triste. Mais que voulez-vous, nous n'y pouvons rien. Ni vous, ni moi, ni même lui.

Ezra, Abigail et Betty étaient arrivés à la rivière et l'onde claire semblait rafraîchissante. Le courant était doux, charriant quelques feuilles tombées des arbres et diverses branches, mais l'eau pouvait se transformer en torrent tumultueux en quelques instants. La rivière était traîtresse, mais son lit bordé de saules pleureurs était d'une douceur incomparable et les légères feuilles des arbres, pareilles à du coton, tournoyaient allégrement sur les flots. Une petite avancée de terre et de rochers permettait de s'asseoir un peu au-dessus de l'eau. C'était l'endroit préféré d'Abigail et de Betty. Là, elles pouvaient s'allonger tranquillement, le regard perdu dans les cieux, et laisser leurs mains onduler dans l'eau fraîche.

Ezra alla se déshabiller à l'abri des regards des jeunes filles qui s'étaient, de toute façon, tournées pudiquement. Lorsqu'elles entendirent les éclaboussures de l'eau, elles se rendirent sur la petite avancée et observèrent Ezra s'ébattant dans l'eau. Il sautait et tourbillonnait comme un poisson, un large sourire sur les lèvres. Ses beaux cheveux noirs envoyaient tout autour de nombreuses perles d'eau étincelantes qui explosaient dans les airs. Par moments, il semblait plonger si loin que les filles ne l'apercevaient plus à travers les flots clairs. Et brusquement, il surgissait, jaillissait de l'eau puis retombait dans un grand éclat de rire, aspergeant copieusement ses deux amies qui l'attendaient sagement sur la berge.

— Que faisiez-vous donc avec cette peste d'Ann Putnam ? demanda-t-il alors que, calmé, il se frottait consciencieusement. Je ne savais pas que vous vous entendiez si bien avec elle, ajouta-t-il, moqueur.

— On ne l'avait pas invitée à bavarder avec nous, tu sais. Avec Ann, cela se passe toujours comme ça. Si on la rencontre, on ne s'en sépare plus ! rigola Betty.

— Nous étions allées ramasser des châtaignes dans la forêt de Belwack. En revenant vers la maison pour les y déposer, nous avons rencontré Ann. Elle tenait absolument à nous parler de son voyage à Boston.

— Pourquoi les gens préfèrent-ils la ville à la campagne ? demanda soudain Ezra, songeur. Nous sommes si libres dans la nature. Et les villes sont tellement bruyantes.

— Oh ! Raconte-nous, Ezra ! Raconte-nous Boston ! implorèrent Abigail et Betty.

Ravi, Ezra nagea jusqu'à la berge ; arrivé devant les filles, il bomba le torse. Il se racla la gorge d'un air théâtral, s'étrangla un peu et éclata de rire. Puis, redevenant sérieux, il commença :

— C'était il y a si longtemps... Je n'avais que cinq ans. Mes parents m'avaient abandonné dans l'orphelinat de Crackwick à Boston. La maison était affreuse, terrifiante. Les toits étaient si hauts dans le ciel que l'on n'en voyait pas les cimes, et leurs tuiles étaient si noires... Une grande grille de fer gardait l'entrée et son grincement nous réveillait toutes les nuits. Qui pénétrait dans l'orphelinat à ces heures obscures? Nous ne l'avons jamais su.

Abigail et Betty le regardaient et l'écoutaient intensément. Ezra n'avait pas son pareil pour conter des histoires.

— L'intérieur du château était en pierre grise et froide et on nous obligeait à y marcher pieds nus. À certains endroits, les pierres se déchaussaient et si nous ne prenions pas garde, elles nous écorchaient les orteils. Un grand escalier en bois montait aux étages mais la troisième marche était escamotable. Les maîtres tentaient toujours de nous y pousser. Les enfants qui sont passés à travers... on ne les a jamais revus. Les chambres étaient froides; les lits, de vulgaires planches de bois. Nos draps étaient mangés par les mites et on ne nous donnait qu'une couverture pour quatre pendant l'hiver. Les grands dortoirs étaient le lieu de terrifiantes scènes. Des fantômes venaient nous rendre visite et nous sentions leur souffle, comme un courant d'air, passer au-dessus de nos têtes enfouies sous les minces draps.

Bien qu'il fît bon et que le soleil brillât encore de tout son éclat, les jeunes filles frissonnaient en écoutant leur conteur. Les yeux d'Ezra étaient luisants et il accompagnait son récit de grands gestes des mains.

— C'est alors qu'avec mes amis nous avons décidé d'attaquer ces fantômes. Nous devions avoir huit ans. Ils étaient dans notre maison, notre chambre. Nous ne voulions pas la partager avec eux. Mais comment combattre des fantômes ? On ne les voyait même pas. Ed, mon ami, eut une idée. « Il nous faudrait de la farine. » De la farine ? « On la leur jettera dessus et ainsi on pourra les voir. » Mais après ? Comment arrête-t-on des fantômes ? Ed n'avait pas la réponse, mais jeunes comme nous l'étions, nous avons pensé que l'on découvrirait le moyen lors de l'attaque. Le lendemain, quelques-uns d'entre nous sont allés à la cuisine et en ont ramené des sacs de farine. Dans le dortoir, le soir, chacun avait sa poignée de farine sous son drap et lorsque les lumières se sont éteintes…

Les jeunes filles retinrent leur souffle.

— Nous avons jeté la farine dans tous les sens en hurlant comme des possédés. Et nos maîtres sont arrivés…

— Aïe, aïe, aïe ! s'écria Betty.

— Oui. Quand j'y pense, je suis sûr qu'il me reste des marques de leur ceinture.

Effectivement, Abigail et Betty l'avaient déjà remarqué, Ezra avait le dos lézardé d'anciennes cicatrices, tristes résultats des châtiments endurés à l'orphelinat. Ces boursouflures violacées ou rosées, tout dépendant de leur ancienneté, faisaient l'admiration des filles. Ezra avait vécu et cela se voyait sur sa peau.

Lorsqu'il était arrivé au village, certaines de ses plaies n'avaient pas cicatrisé et le sang dégoulinait le long de son dos et laissait une marque sur le sol. Il s'était écroulé sur la place publique alors qu'il était à bout de forces d'avoir marché depuis Boston. Hank, qui l'avait vu le premier, l'avait secouru puis soigné pendant plusieurs semaines. Le boucher n'avait pas d'enfant et il ne savait pas à qui confier son échoppe lorsqu'il serait trop vieux pour travailler. Ezra était apparu comme un ange tombé du ciel. Il l'avait pris sous son aile et s'en était occupé comme s'il était son fils. Depuis, ils ne s'étaient pas quittés. Ezra respectait grandement Hank pour sa droiture, sa générosité et son honnêteté. En plus de lui avoir trouvé un emploi, Hank l'hébergeait, le nourrissait et lui versait quelques sous pour qu'il se constitue un petit pécule. Le jeune homme n'aurait pu rêver mieux.

Ezra sortit de l'eau après que les filles se furent tournées vers les champs. Il s'ébroua comme un chien. Abigail et Betty sursautèrent lorsqu'elles reçurent sur leurs bras nus de minuscules gouttes d'eau froide qui les picotèrent comme des aiguilles. Le jeune garçon se rhabilla prestement puis il se mit en quête de grandes feuilles pour se sécher les cheveux. Il en trouva deux ou trois avec lesquelles il se frictionna vigoureusement la tête. Tout ébouriffé, de petits brins d'herbe parsemés dans ses cheveux, il se tourna vers ses amies, un sourire enfantin aux lèvres. Elles éclatèrent de rire. Elles l'aimaient tellement lorsqu'il était joyeux et rieur. Ses périodes maussades faisaient de lui quelqu'un d'inapprochable. Il se renfermait et ses yeux devenaient plus sombres encore. On le voyait déambuler dans le village, perdu dans ses pensées, et personne ne pouvait lui parler. Pas même ses amies. Durant ces périodes, Ezra était de retour à l'orphelinat de Crackwick et il se demandait ce qu'il était advenu de ses amis qu'il avait laissés là-bas. Ezra n'était plus jamais retourné à Boston. Et malgré les promesses que lui avaient soutirées Betty et Abigail de les emmener dans les endroits où il avait grandi, il savait aussi bien qu'elles qu'il n'y retournerait jamais.

— Alors, s'exclama-t-il, si nous nous rendions au bois de Kyron ? Qu'en dites-vous, mesdemoiselles ?

Tandis qu'au village Ann essayait désespérément de rallier à sa cause quelques jeunes filles de son âge en faisant circuler des histoires horribles et toutes plus improbables les unes que les autres sur les filles Parris, Abigail et Betty applaudissaient gaiement aux propos de leur ami. Puis tous trois se mirent en route d'un pas décidé vers le grand bois qui bordait les champs de culture appartenant au village. Ils se rendirent d'ailleurs compte que le blé, qui aurait dû les dépasser de plusieurs pieds, ne leur arrivait qu'aux genoux. Abigail se souvint que le révérend avait parlé d'une réunion entre les autorités du village car les récoltes de l'été n'avaient pu se faire et que l'hiver qui arrivait serait rude. Bien peu de réserves avaient été engrangées. Étrange…

3

Le bois de Kyron ! Une merveille naturelle, des frondaisons gigantesques qui chatouillaient les nuages et une voûte sylvestre des plus majestueuses ! Les arbres étaient aussi vieux que ceux de la forêt de Belwack mais ils portaient dans leur écorce une dignité qu'aucun autre n'avait. De loin, le bois semblait impénétrable tant les arbres étaient proches les uns des autres. De grandes lianes s'entremêlaient entre leurs troncs, faisant comme un barrage de verdure. Les lieux semblaient hostiles et la futaie était encore plus sombre que celle de Belwack. Les arbres qui constituaient le pourtour du bois se penchaient insidieusement vers la terre, leurs longues branches épaisses comme de jeunes troncs raclaient le sol de leurs doigts crochus. Malgré la sombre apparence des lieux, Abigail et Betty se souvenaient que c'était là qu'elles avaient eu la chance de voir le plus d'animaux : cerfs, biches, sangliers, renards et oiseaux par dizaines qui pépiaient tranquillement dans la sylve. Des légendes circulaient sur ce bois, on disait que les gens qui s'y aventuraient trop loin ne revenaient jamais. Les villageois se demandaient quelle maudite engeance avait pu rendre ce bois si sinistre. Les trois amis ne s'en souciaient guère. Après tout, dès que l'on passait l'orée du bois, il devenait splendide, un enchantement de couleurs, de sons et d'odeurs. Ils s'y promenaient souvent et il ne leur était jamais rien arrivé de fâcheux. Bien sûr, ils n'en avaient pas exploré les moindres recoins car le bois semblait s'agrandir au fur et à mesure que l'on s'y promenait. Lorsqu'elles racontaient cela au révérend, celui-ci se moquait d'elles, leur disant qu'elles avaient passé l'âge de croire à ces boniments. Mais Ezra, Abigail et Betty étaient persuadés que le bois de Kyron n'était pas un bois comme les autres. Toujours est-il qu'ils y trouvaient toutes sortes de champignons qu'ils ramassaient par paniers entiers. Souvent, Ezra leur en laissait une bonne poignée pour qu'Abigail et Betty en ramènent chez elles et le jeune homme gardait le reste pour aller le vendre au marché. Aujourd'hui, ils n'avaient pas pris de quoi les transporter, la cueillette serait donc légère. Au fil de leurs pérégrinations avec l'apprenti boucher, celui-ci leur avait tout appris sur les champignons : les comestibles, les toxiques, les mortels. Au fur et à mesure, elles avaient su les reconnaître, ne courant plus aucun risque. Elles ne savaient pas comment Ezra savait autant de choses sur les champignons mais, grâce à lui, elles revenaient souvent de leurs escapades les bras chargés, prêtes à les faire cuisiner et encore plus avides de les dévorer.

Ils pénétrèrent sous la futaie, silencieux, se laissant envahir par la sérénité des lieux. Seuls les gazouillements enjoués d'un rouge-gorge et les trilles passionnés d'un rossignol se faisaient entendre. On entrait dans le bois par un petit chemin tracé entre deux bordées d'arbres très serrés qui semblaient presser les promeneurs. Il débouchait sur une belle clairière ronde avec en son centre un superbe chêne bicentenaire qui compensait l'éloignement de ses congénères par l'accueil de plusieurs familles d'écureuils entre ses branches. Les trois jeunes gens s'asseyaient souvent contre son tronc pour se reposer après une course effrénée dans les profondeurs de la forêt. Betty l'escaladait régulièrement et s'allongeait sur une de ses énormes branches. Là-haut, elle laissait pendre ses bras et ses jambes et se disait qu'il n'y avait pas de meilleur endroit au monde. C'est d'ailleurs là qu'elle se précipita dès qu'ils eurent passé la frondaison. Elle grimpa agilement le long du tronc bien connu désormais et elle s'installa tranquillement dans les hauteurs pour regarder ses amis se baisser au pied des troncs à la recherche de denrées comestibles. Le contact de l'écorce à travers sa fine robe lui procurait autant de plaisir que les feuilles qui lui chatouillaient les chevilles. Respirant profondément les odeurs fugitives du sous-bois, Betty sentit un léger bruissement se faufiler entre ses mèches de cheveux. Un écureuil venait de sortir sa tête marron clair d'un trou dans le tronc. De ses yeux noirs, il épiait les moindres mouvements autour. Elle l'observa un instant puis, lorsqu'il retourna se terrer dans sa cachette, elle se pencha et demanda :

— Est-ce que vous trouvez de quoi nous faire un bon souper ?

— Betty, tu ne voudrais pas descendre nous aider ? interrogea Abigail. Il y a tout un parterre de chanterelles grosses comme mon poing.

Gourmande, Betty sauta de sa branche et se réceptionna souplement sur le sol de terre humide. Ses souliers s'enfoncèrent un peu dans le parterre spongieux qui laissa une auréole de boue tout autour de ses chaussures. Elle courut rejoindre ses deux amis et se pencha avec eux au pied des arbres. Ils ramassèrent tout ce qu'ils purent et placèrent leur récolte au centre de la clairière pour l'examiner. Il y avait bien plus de champignons qu'ils ne pouvaient en ramener. Haussant les épaules, Ezra déclara :

— Si nous profitions de la fin de la journée ? Nous nous occuperons de ces champignons plus tard !

Les deux filles acquiescèrent et suivirent leur compagnon qui s'enfonçait sous la futaie. Betty, joueuse, se pencha silencieusement et ramassa quelques feuilles mortes humides qui jonchaient le sol. Elle en fit une boule en les malaxant entre ses mains. Ensuite, tapant sur l'épaule d'Abigail pour attirer son attention, elle pointa un doigt maculé de terre vers Ezra, un peu en avant, puis sur sa boule de feuilles. Abigail se retint de rire et observa la scène. Betty leva le bras et propulsa sa boule sur le jeune garçon. Celle-ci s'écrasa sur son dos dans un bruit mou et répugnant et glissa le long de son chandail. Ezra se retourna et fixa les deux filles, qui avaient le plus grand mal à se retenir de rire. Abigail avait les joues et les oreilles rouges à force de se contenir et Betty respirait très rapidement, sa poitrine se soulevant et s'abaissant en halètements incontrôlables. Tous trois restèrent immobiles un instant puis, d'un même mouvement, ils se plièrent et ramassèrent des boules de terre et de feuilles. Une grande bataille commença. Chacun pour soi, ils slalomaient entre les arbres, se cachant derrière leurs troncs, trébuchant sur leurs racines, et des boules volaient dans tous les sens. Les ressources de la terre étaient inépuisables et les feuilles mêlées à la glaise collaient si bien que de nombreuses taches rondes et gluantes apparaissaient sur les jolies robes d'Abigail et de Betty. Elles ne s'en préoccupaient pas car, après tout, elles étaient là pour s'amuser. Les trois jeunes s'égaillèrent encore un moment, se courant après, criant à tue-tête. Puis, épuisés, ils s'adossèrent contre un énorme tronc de bouleau. L'écorce, pareille à du parchemin, se détachait en grands lambeaux. La blancheur laiteuse de l'arbre contrastait violemment avec l'obscurité des sous-bois.

— Raconte-nous encore une histoire, Ezra, demanda Abigail. Parle-nous de l'orphelinat.

— Je vous ai déjà raconté les fantômes, déclara celui-ci, les mains derrière la tête pour se faire un coussin confortable.

— Oui, mais tu sais à quel point on aime quand tu racontes ! Oh, s'il te plaît, Ezra ! implorèrent les deux filles.

— Vous savez, mesdemoiselles, qu'il ne faut jamais réclamer. Mais pour vous, dit-il, enjôleur, je raconterai ce que vous souhaitez. Quelle histoire vous plairait-il d'entendre ?

— Celle du squelette découvert dans les caves… Ou peut-être l'histoire des douches glacées pendant l'hiver… réfléchit Betty.

— Et pourquoi pas celle de l'évasion ? demanda Abigail, les joues rouges d'excitation.

— Oh oui ! s'écria Betty.

— Je vous l'ai déjà racontée des dizaines de fois, mesdemoiselles, mais si tel est votre désir... Installez-vous confortablement, ouvrez grand vos oreilles et frémissez…

Ezra était théâtral dans les gestes et les paroles, mais pour les deux jeunes filles, il n'existait pas de garçon plus honnête et sincère que lui. Sa grandiloquence, parfois, n'était là que pour masquer les horribles souvenirs des années passées. Il respira profondément, ferma les yeux, croisa les bras et commença :

— Il faisait froid cette nuit-là et le ciel tapissé de nuages était aussi obscur que notre état d'esprit. Notre vie et notre liberté allaient se jouer ce soir. Nous étions tous les cinq – Ed, Joshua, Harvey, Jack et moi – blottis sous nos draps troués, la respiration faible et régulière, les yeux clos, pour que le surveillant nous croie profondément endormis. En réalité, nous avions du mal à ne pas bouger et sa démarche délibérément lente nous mettait au supplice.

— Qu'avez-vous fait alors ? demanda Betty, suspendue aux lèvres du garçon.

— Nous avons attendu longtemps pour être sûrs qu'il ne reviendrait pas. S'il nous avait attrapés ce soir-là, nous n'aurions jamais pu sortir de cette prison. Joshua était celui dont le lit était le plus près de la porte. Alors, lorsque tout a été calme, il s'est levé silencieusement et, sur la pointe des pieds, il a collé son œil sur la serrure de la vieille porte grinçante du dortoir. Pas de lumière. Le surveillant était allé se coucher. La voie était libre. L'un après l'autre, nous sommes sortis de notre lit et, toujours en silence pour ne pas réveiller nos camarades, nous avons défait les draps. Ed en a emporté une partie et je me suis chargé du reste. Nous nous sommes aussi emparés de ceux des lits qui étaient vides. Une rafle venait d'avoir lieu et nous n'avions pas revu les malheureux.

— Qu'est-ce qu'une rafle ? interrogea Abigail.

— Personne ne le sait vraiment. Certains disent que ce ne sont que des enfants qui sont adoptés, d'autres pensent qu'on les utilise pour des expériences ou qu'ils deviennent des esclaves. Toujours est-il qu'aucun de ces destins n'est enviable.

— Même celui d'être adopté par une famille ?

— Mes amis et moi nous sommes toujours dit que si notre propre famille en était venue à nous abandonner, alors des inconnus ne s'embarrasseraient jamais longtemps d'enfants qui n'étaient pas à eux. Mais laissez-moi revenir à mon histoire. Nous avions un petit monticule de draps désormais et, très simplement, nous les avons attachés les uns avec les autres. Les tissus étaient rongés et nous avons gâché beaucoup de longueur de drap pour essayer de remédier au problème. Jack a voulu faire un essai et nous nous sommes placés autour de la fenêtre du fond du dortoir. Il a commencé à l'ouvrir avec beaucoup de délicatesse car les gonds en étaient rouillés et le grillage qui se trouvait derrière la vitre avait été tailladé par plusieurs générations d'orphelins. Il était très coupant. Après un long moment passé à retenir notre souffle et à regarder Jack ouvrir la fenêtre pouce par pouce, l'air frais de la nuit nous est enfin parvenu jusqu'au nez. Et quel plaisir de le respirer en pensant à notre prochaine liberté ! Mais rien n'était fait et le plus dur nous attendait. Jack a jeté le drap par la fenêtre et nous nous sommes aperçus avec horreur qu'il manquait au moins neuf pieds de corde. Paniqués, nous avons remonté rapidement notre moyen d'évasion. Nous nous sommes regardés en silence, ne sachant pas quoi faire.

Ezra marqua une pause et observa les filles. Toutes deux le regardaient, les yeux écarquillés, la bouche légèrement ouverte, attendant la suite. Il ne continua pas immédiatement, savourant l'attention de son public. Mais quand Betty le pressa, il reprit son récit avec entrain.

— Joshua a eu une idée : « Et si nous prenions nos habits, peut-être qu'ainsi parviendrons-nous à toucher le sol. » Nous nous sommes empressés d'attacher nos maigres vêtements à la corde. En voyant que ça ne suffisait toujours pas, nous nous sommes déshabillés pour ne garder que nos sous-vêtements. Parcourir la ville de nuit par ce temps hivernal ne nous plaisait pas, mais c'était un sacrifice auquel nous consentions volontiers. Ainsi, lorsque nous avons jeté une troisième fois notre corde salvatrice par la fenêtre, elle a touché le sol sans bruit. Nous nous sommes retenus de hurler notre joie car nous n'étions pas encore sortis. Juste en dessous de cette fenêtre se trouvait celle de la chambre du directeur…

Les deux jeunes filles, transportées, étouffèrent un cri.

— L'un après l'autre nous sommes descendus. Jack en premier, puis Joshua, puis Ed, puis moi et Harvey qui voulait fermer la marche. Il était le plus costaud de nous cinq. Lorsque Ed est arrivé au niveau de la fenêtre du directeur, le rideau s'est ouvert brusquement et l'horrible visage grêlé de notre tortionnaire est apparu à la vitre. Ed a crié et a failli tomber. Il nous a hurlé de nous dépêcher. Tandis que j'enjambais le rebord de la fenêtre et me laissais pendre dans le vide, j'ai aperçu en dessous de moi mes trois amis qui couraient comme des perdus et escaladaient le portail. Je suis descendu le plus vite que j'ai pu, si vite en fait que j'ai dégringolé les deux derniers mètres et me suis écorché les mains sur le sol de pierres. Sans perdre une seconde, je me suis relevé aussitôt, prêt à m'enfuir. Lorsque j'ai jeté un dernier coup d'œil à la fenêtre, persuadé que Harvey descendait, je n'ai vu que l'atroce sourire édenté du surveillant de nuit. Harvey avait été pris et je ne pouvais plus rien pour lui. Nous avions convenu avant notre évasion que si quelque chose tournait mal, si un camarade se faisait prendre, nous devions le laisser. C'est la mort dans l'âme et le cœur serré que nous avions conclu ce pacte.

— Qu'est-il arrivé à Harvey ? interrogea Betty. L'as-tu revu ? As-tu eu des nouvelles de lui ?

— Non, jamais. J'espère seulement qu'il s'en est sorti.

— Et toi ? continua Abigail. Qu'as-tu fait ?

— J'ai rejoint mes amis qui m'attendaient derrière le mur d'enceinte de l'orphelinat et nous nous sommes enfuis dans les rues de Boston, frissonnants, heureux et tristes à la fois.

— Et après ?

— Après, nous nous sommes dispersés. Nous attirions beaucoup trop l'attention et les gardiens de l'orphelinat n'allaient pas tarder à ratisser toute la ville. Chacun s'est dit au revoir d'une bourrade dans le dos, d'une tape sur l'épaule et, sur un dernier regard, chacun est parti de son côté. Je ne les ai jamais revus. À vrai dire, je ne sais même pas s'ils s'en sont sortis…

Ezra resta pensif et les filles n'osèrent pas briser le silence. Il leur avait souvent raconté cette histoire et la fin reposait toujours sur la même question : où étaient-ils maintenant ? Mais le jeune homme se reprit rapidement. Agile comme un singe, il sauta sur la plus grosse branche de l'érable le plus proche, s'y accrocha par les jambes et, la tête en bas, il fit d'atroces grimaces aux filles qui éclatèrent de rire.

Le soleil se couchait déjà et ses rayons ardents, coupés dans leur course lumineuse par les troncs des arbres, traversaient maintenant le bois, marquant ainsi la frontière entre la clarté et l'obscurité. Les filles se relevèrent et Betty dit :

— Il faut que l'on rentre à la maison, Ezra. Le soleil se couche et papa sera inquiet de ne pas nous voir revenir. Nous raccompagnes-tu ?

— Non, pas ce soir. Je vais rester ici, me promener un peu… Retournez-vous-en vite. Nous nous reverrons plus tard. Bonne soirée, mesdemoiselles.

Après avoir jeté un regard en coin à Abigail qui lui sourit gentiment, il s'éloigna dans les bois, chantonnant tranquillement, comme s'il était seul dans la forêt. Les cousines pouffèrent lorsque, s'accrochant d'une main à un arbre, Ezra en fit le tour en sautant gracieusement.

Elles partirent en direction de la maison au pas de course. La journée était beaucoup plus avancée que ce qu'elles croyaient. Le révérend n'allait pas être content.

Lorsqu'elles arrivèrent devant le portail de la maison, elles se regardèrent. D'un ton angoissé, Abigail dit à Betty :

— Tu as vu dans quel état nous nous sommes mises ? Nous allons nous faire disputer, c'est certain.

Betty, elle, regardait ses mains et touchait ses cheveux. Puis elle fit de même à Abigail.

— As-tu remarqué ? l'interrogea-t-elle. Nos mains et nos cheveux ! Ils sont propres. Nous avons passé la journée dans la forêt, nous nous sommes roulées dans les feuilles, nous avons fait une bataille de boue… et nos mains sont propres ! C'est incroyable ! Et nos cheveux ! Pas un nœud ou une brindille coincée dedans, pas de terre ou de feuilles ! C'est à croire que nous sommes restées sagement à la maison !

— Pour ce qui est de nos robes, par contre, il n'y a aucun doute. Nous avons bel et bien couru dans les bois.

Elles se regardèrent du coin de l'œil et se mirent à rire à gorge déployée. Abigail ouvrit la marche jusqu'à la porte d'entrée et Betty lui emboîta le pas. Toutes deux riaient encore. Lorsqu'elles franchirent la porte, Cathy se précipita sur elles et manqua de défaillir devant leurs habits.

— Seigneur, mais qu'avez-vous donc fait ? Dans quel état êtes-vous ? Dieu, il ne faut pas que le maître vous voie ! Montez immédiatement dans vos chambres et n'en sortez pas ! Je viens vous baigner ! Et un peu de tenue, s'il vous plaît, mesdemoiselles !

gronda-t-elle, les voyant monter les marches à cloche-pied tout en s'esclaffant.

Elles grimpèrent l'escalier à toute vitesse pour ne pas s'attirer les foudres de Cathy. Betty ouvrit la porte de sa chambre et toutes deux s'affalèrent sur le lit. Elles attendirent leur femme de chambre. Celle-ci vint les chercher quelques instants plus tard et les mena à la salle d'eau. Un grand baquet trônait au milieu de la pièce et deux petits marchepieds avaient été disposés autour. Des volutes de fumée s'échappaient du bassin et une douce chaleur moite enveloppait la pièce. Cathy les dévêtit rapidement, dégrafa leurs robes et jeta leurs socquettes, après les avoir regardées d'un air dégoûté, au fond de la pièce. Elle les pressa d'entrer dans le bac, mais les deux filles minaudèrent un instant car l'eau était brûlante.

— Dépêchez-vous un peu, mesdemoiselles ! Le révérend est déjà là et le dîner sera bientôt servi. Vous ne pouvez pas vous permettre d'être en retard.

— Nous sommes toujours en retard, Cathy, tu le sais bien. Et papa ne nous en tient jamais rigueur. Après tout, c'est lui qui nous a dit d'aller nous amuser aujourd'hui. Nous n'avons fait que lui obéir, ajouta Betty en pouffant.

— Ce soir n'est pas un soir comme les autres, miss Betty, j'en ai peur, déclara Cathy, un grand sourire aux lèvres.

— De quoi parles-tu ? demanda Abigail tandis qu'elle se frottait consciencieusement les bras avec le pain de savon qui moussait abondamment sur sa peau.

— Le révérend a invité quelqu'un ce soir, m'a-t-on dit. Une femme paraît-il.

Betty se rembrunit considérablement. Encore une de ces femmes volages qui en voulaient à la fortune de son père… Eh bien, elle n'était pas pressée de la rencontrer.

4

Lorsque les deux jeunes filles, propres et parfumées, se rendirent dans la salle à manger où on les attendait pour dîner, elles furent surprises de découvrir que Cathy ne leur avait pas menti pour qu'elles se lavent plus vite comme elles avaient été tentées de le croire. Une femme était bel et bien là, dans leur maison, en compagnie du révérend Parris. Droite, épaisse, à la peau d'ébène, elle attendait derrière le fauteuil du maître, les bras croisés dans le dos, le corps reposant dans une robe informe d'une couleur douteuse tirant sur le gris-marron. L'uniforme des esclaves…

Betty ne put s'empêcher de soupirer de soulagement. Une nouvelle marâtre n'allait pas entrer dans sa vie. Mais elle était curieuse de connaître la raison pour laquelle son père avait engagé une nouvelle domestique. Après tout, Cathy s'occupait des filles, miss Salinger était une perle de cuisine et toute une horde de jeunes femmes se partageaient le ménage de la maison. Le révérend se plaignait souvent qu'il avait trop d'employés, mais c'était un homme bon, et malgré les menaces qu'il proférait sous le coup de la colère, il n'avait jamais renvoyé personne.

Betty et Abigail entrèrent prudemment dans la salle à manger et attendirent que le révérend remarque leur présence. Dès qu'il les aperçut, il se leva rapidement et marcha au-devant d'elles. Samuel Parris était un bon père et un oncle parfait pour les deux enfants qui vivaient sous son toit, mais il gardait en lui une froideur envers les contacts tactiles même s'il s'agissait de son propre sang. Il s'arrêta devant les filles et croisa les mains dans le dos.

— Mes chères enfants, vous voilà encore en retard, dit-il, les sourcils froncés. Qu'avez-vous bien pu faire de votre journée qui vous ait autant occupées ? leur demanda-t-il, à la fois soucieux et curieux.

— Nous sommes allées jouer dehors, papa, répondit Betty, comme tu nous l'avais conseillé. Et ce fut une superbe journée. Nous nous sommes beaucoup amusées.

— Étiez-vous seules ?

— Oh non, mon oncle, répondit Abigail. Nous avons rencontré Ann Putnam qui nous a accompagnées un moment. Puis…

— J'espère que vous avez été aimables avec cette jeune fille car son père, pas plus tard que ce matin, a fait à l'église un don des plus généreux. Je compte sur vous pour…

— Papa, tu nous l'as répété si souvent que cela me semble gravé dans la tête. Ne t'inquiète donc pas. Tout s'est très bien passé avec Ann. Et ce qu'Abigail allait te dire, c'est qu'Ezra a été avec nous une partie de la journée.

— Ce garçon vous a encore raconté d'horribles histoires, je suppose ?

— Oui, mais elles sont tellement intéressantes et Ezra les conte si bien… déclara Abigail.

Le révérend Parris se tourna vers l'étrange femme qui avait suivi cette discussion sans intervenir et qui dardait ses grands yeux noirs sur les deux jeunes filles.

— Voyez, Tituba, c'est pour éviter cela que je vous ai fait venir.

— Que veux-tu dire, papa ? questionna Betty.

— Mesdemoiselles, je vous présente Tituba. Je l'ai… hum… achetée pour parfaire votre éducation de jeunes femmes du monde.

— Jeunes femmes du monde ? Mais de quoi parles-tu ?

— J'ai toujours trouvé qu'il manquait une femme dans cette maison, vois-tu, et ce, depuis la disparition de ta défunte mère. Mais je pensais que l'arrivée d'Abigail ferait de toi – et de toi aussi, ajouta-t-il en désignant d'un doigt fin sa nièce – une jeune fille raisonnable. Or, bien que vous vous entendiez à merveille toutes les deux et que vous soyez plutôt studieuses, j'ai décidé qu'il vous fallait apprendre votre rôle de femme.

— En quoi consiste-t-il exactement ? demanda Abigail, soupçonneuse.

— Eh bien, il s'agit des tâches ménagères, de la couture, de la cuisine. Il vous faut apprendre tout ça rapidement.

— Mais pourquoi rapidement, papa? Nous ne sommes finalement pas plus que des enfants.

— Je suis le premier à savoir que le temps passe à une vitesse folle. Encore hier, vous n'étiez que des enfants mais aujourd'hui vous voilà des jeunes filles. Et si... eh bien... hum... si un jeune homme me demande votre main, il faut que vous soyez prêtes à entrer dans le monde.

Le révérend lâcha cette dernière phrase comme s'il voulait qu'elle sorte le plus vite possible. Atterrées, Abigail et Betty se regardèrent. Ainsi, elles n'étaient plus des enfants mais, au contraire, presque prêtes à être mariées.

— Alors... Tituba, que voilà, sera une sorte de préceptrice pour vous. Elle vous enseignera tout cela pendant trois heures le matin et trois heures l'après-midi.

— Mais papa, quand reverrons-nous Ezra, et quand pourrons-nous retourner dans les forêts?

— C'est aussi pour cela que Tituba est là, reprit le révérend avec plus de dureté dans la voix. Je tiens à mettre un terme à votre existence volage et, du même coup, à mon éducation laxiste. Tout le monde au village dit vous voir en compagnie de ce traîne-misère et je ne tolérerai pas que mes filles soient associées à un tel garçon!

— Mais papa, c'est toi-même qui nous as appris le respect de l'autre, l'ouverture d'esprit et à ne pas juger son prochain sur son apparence. Ce n'étaient que de belles paroles? Ezra est pauvre, mais il très gentil et très respectueux avec nous. Il n'a jamais eu un geste déplacé, et il semble d'ailleurs fou amoureux d'Abigail.

— Voilà une raison supplémentaire pour que vous ne le côtoyiez plus. Abigail vient d'une famille noble et…

— Mes parents n'étaient que de simples épiciers, contesta celle-ci d'une toute petite voix.

— Mais désormais tu habites dans ma maison et la réputation de cette famille est la tienne aussi. Tu te dois de la préserver. Et maintenant, gronda-t-il en regardant ses filles, la discussion est close. Votre apprentissage commencera demain matin. Il n'y a rien à redire là-dessus.

Abigail et Betty se turent. Mais la fille de Samuel Parris était rouge de colère et elle s'assit à sa place à table sans accorder un regard à son père. La nouvelle servante ne s'assit évidemment pas avec eux. Elle se rendit dans la cuisine pour y apporter sans doute son aide. Alors qu'un froid de glace venait de s'installer entre les trois convives, le révérend commença à manger comme si de rien n'était. Mais au bout d'un moment, il se radoucit et posa une main sur celle de sa fille et l'autre sur celle de sa nièce.

— Croyez-moi, mes enfants, je ne fais cela que pour votre bien. Et je ne souhaite pas que vous soyez malheureuses. Il est évident que vous aurez des moments de loisir, des moments à vous. Mais comprenez-moi, je suis le révérend de la paroisse. Comment puis-je me faire respecter si mes filles courent les bois tous les jours que fait le monde ? Je ne vous demande pas de rester terrées à la maison, bien sûr que non, juste d'être plus discrètes.

— Tu sais très bien d'où viennent toutes ces histoires que l'on raconte sur nous au village, déclara Betty, la voix tremblante de rage. C'est cette peste d'Ann Putnam ! Elle passe son temps à faire courir des ragots. Et comme personne ne lui dit rien car elle est Ann Putnam, la fille d'Astor Putnam, le grand bienfaiteur de Salem, cracha-t-elle, la colère et l'ironie se combattant dans sa voix, elle s'en donne à cœur joie.

— S'il vous plaît, implora le révérend. Je suis sûr que cela vous plaira.

— Pourquoi miss Salinger ne peut-elle pas nous donner des cours de cuisine ? demanda Abigail qui jouait avec les morceaux de viande en sauce de son assiette.

— Miss Salinger a beaucoup trop de travail pour s'occuper en plus de vous. Tituba est une très bonne cuisinière. Vous vous entendrez bien avec elle, vous verrez.

Celle-ci sortit à ce moment-là de la cuisine et se planta dans un coin sombre de la pièce, raide comme un balai, et dévisagea ouvertement les deux jeunes filles chacune leur tour. Ses yeux étaient d'un blanc si vif… ce qui n'était pas étonnant puisqu'il contrastait avec sa peau noire. Et ses cheveux couleur corbeau étaient retenus en un chignon si serré qu'aucune mèche n'en dépassait et que le coin de ses yeux semblait légèrement bridé. Elle regardait fixement d'un air assez bienveillant, mais son sourire avait quelque chose de dément ; il semblait figé sur ses lèvres marron. Il découvrait imperceptiblement ses dents jaunâtres et un petit tressaillement faisait trembler sa lèvre supérieure comme si un rire grondait dans sa gorge sans qu'elle se résolût à le faire sortir. Abigail frissonna sans bien savoir pourquoi tandis que Betty lui tirait la langue effrontément sans que son père s'en rende compte. À cela, la servante noire rétorqua par un sourire si tordu et si menaçant que les deux filles tremblèrent d'appréhension. Elles terminèrent leur repas sans lui jeter un coup d'œil, et aussitôt que le révérend leur en donna la permission, elles filèrent à l'étage se réfugier dans la chambre d'Abigail. Là, elles se pelotonnèrent toutes les deux sur le grand lit de la jeune fille et restèrent un moment sans rien dire. Puis Betty prit la parole.

— Crois-tu qu'elle soit folle ?

— Oh non, s'empressa de répondre Abigail. Pourquoi dis-tu ça ?

— Eh bien, tu as vu comme moi. Ce sourire dément, ces yeux exorbités, cette façon de nous regarder...

— Voyons, Betty, ton père n'aurait jamais pris à son service une simple d'esprit.

— Je ne te parle pas d'une simple d'esprit, je te parle d'une folle, une démente.

— Écoute, elle m'a effrayée aussi mais je ne pense pas qu'elle soit méchante. Apprenons à la connaître et nous verrons bien.

— Veux-tu que nous dormions ensemble cette nuit ? Je ne suis pas rassurée à l'idée qu'elle rôde dans nos couloirs. Et papa nous a interdit de fermer nos chambres à clé.

— Bien sûr ! À vrai dire, j'en serais apaisée aussi.

Pendant un instant, on n'entendit plus que les craquements des planchers à l'étage en dessous. Les domestiques s'affairaient avant d'aller se coucher. Et lorsqu'un bruissement d'étoffe qui semblait se frotter à la porte les fit sursauter, elles se regardèrent et rirent de bon cœur de leur frayeur enfantine.

— Je n'avais pas très envie de me comporter tout de suite comme une vraie femme, tu sais. Notre vie est tellement agréable et papa nous imposait si peu de contraintes…

— Moi non plus. Mais tu sais, ça ne veut pas dire que nous n'avons plus le droit de nous amuser. Oncle Samuel l'a dit au repas tout à l'heure, nous pourrons toujours sortir dans les campagnes environnantes.

— Et Ezra ?

Abigail marqua un temps avant de répondre.

— Nous continuerons à voir Ezra, comme nous l'avons toujours fait. Et nous continuerons d'éviter le plus possible cette peste d'Ann, comme nous l'avons toujours fait aussi.

Elles se turent toutes les deux, les yeux perdus au plafond, écoutant le vent qui soufflait dehors. Soudain, la porte de la chambre de Betty s'ouvrit en grinçant légèrement, ce qui fit sursauter les deux filles. Elles attendirent en retenant leur souffle. En voyant une ombre se profiler sur le plancher dans l'embrasure de la porte, elles s'agrippèrent l'une à l'autre pour ne pas hurler. Tituba apparut sur le seuil, le même sourire aux lèvres, les mêmes yeux écarquillés. Ses lèvres se retroussèrent et dévoilèrent ses dents jaunâtres. Elle ouvrit la bouche comme pour parler mais, semblant se raviser, elle s'approcha du lit sur lequel étaient pelotonnées les filles.

— Il faut vous coucher maintenant, mesdemoiselles, dit-elle d'une voix qui résonna comme le tonnerre tout en étant empreinte d'une singulière douceur qui étonna Betty et Abigail.

Elle s'approcha de la fenêtre et en tira les lourds rideaux chocolat. Seules les lueurs des bougies qui brûlaient dans la chambre projetaient de vagues jets de lumière qui ne suffisaient pas à éclairer toute la pièce où Tituba déambulait.

— Miss Betty, il est l'heure de retourner dans votre chambre et de vous coucher bien sagement.

— Je dors avec Abigail cette nuit. Et ne me parlez pas comme si j'avais huit ans. Je suis la fille de votre maître, vous me devez du respect.

— Veuillez me pardonner, miss, je ne voulais pas vous contrarier. Dormez ici si vous le souhaitez, mais reposez-vous car demain commenceront vos cours.

— Et si nous ne venons pas ? demanda effrontément Betty.

Tituba la regarda comme si la jeune fille n'était pas sérieuse et, très lentement, elle leva sa main droite jusqu'à la joue de Betty qui trembla de peur. Ce n'était pas une main, mais un battoir aux doigts épais et boudinés, à la peau calleuse et sèche, et sa paume d'une teinte marron clair était striée comme du parchemin. C'était sans nul doute les mains d'une matrone qui savait se faire respecter et qui ne rechignait pas devant les corvées. Pour Abigail, il semblait inimaginable que ces mêmes mains allaient leur apprendre d'aussi fins travaux que la couture et la cuisine. Mais le geste de Tituba eut l'effet escompté, et Betty se recroquevilla contre le mur et baissa la tête pour se débarrasser de la gêneuse.

— Je ne vous dirai rien si vous ne venez pas demain, mais votre père en sera informé et je ne serai pas responsable de la punition qu'il vous donnera.

La menace sous-jacente dans la voix de la servante n'échappa pas aux deux filles. Cathy entra à ce moment-là dans la pièce et vint déshabiller pour la nuit ses protégées sans accorder un regard à Tituba qui ne s'en offusqua guère. Rassurées par la présence de Cathy, Abigail et Betty se collèrent à elle aussi longtemps qu'elles le purent mais lorsqu'elles furent prêtes, elles se rendirent le cœur lourd dans le lit. Cathy sortit en leur envoyant un baiser du bout des doigts et elle les laissa seules avec l'ogresse. Elles se couchèrent tranquillement l'une contre l'autre et attendirent en silence que Tituba sorte de leur chambre. Mais celle-ci restait immobile au-dessus du lit, les fixant éhontément. Betty perdit patience et, se soulevant sur un coude, elle lui dit :

— Pourquoi nous dévisagez-vous comme cela ? Vous ne savez donc pas que c'est malpoli ? Cessez ça tout de suite !

Tituba ne paraissait pas l'entendre et elle ne détourna pas les yeux. Enfin, au bout d'un moment qui sembla s'étirer en longueur, elle parut sortir d'un rêve et souhaita une bonne nuit aux filles. Celles-ci ne lui répondirent pas. Lorsque Tituba sortit de la chambre et claqua la porte, la pièce se retrouva brusquement dans la pénombre. Toutes les bougies s'étaient éteintes en même temps. Celles du lustre, celles de la commode, celle de la coiffeuse et même les deux grandes bougies qui entouraient la psyché. Ne subsistaient dans l'air que les effluves de cire chaude qui, le devinaient Abigail et Betty, devaient s'envoler vers le plafond en tourbillonnant doucement. N'osant dire un mot, elles cherchèrent les yeux de l'autre dans l'obscurité.

— Comment a-t-elle fait ça ? demanda Abigail. Comment a-t-elle pu les souffler toutes en même temps ?

— Pourquoi parles-tu de les souffler ? Je ne l'ai même pas vue s'approcher des bougies. Elle était devant le lit, elle est sortie et la lumière a disparu, dit Betty, proche de l'évanouissement.

— Il a pourtant bien fallu qu'elle en soit proche…

— Mais je te dis qu'elle ne les a même pas touchées !

— Alors comment ?

— Je suis sûre… Mais après tout, ce n'est pas possible… Pourtant…

— Pour l'amour du ciel, de quoi parles-tu ?

— L'as-tu vue regarder les flammes avant de sortir ?

— Eh bien oui, mais…

— Je crois que c'est ainsi qu'elle a pu les éteindre.

— Tu ne crois pas ce que tu dis ? Non, je pense que nous nous faisons des idées. Nous avons l'imagination débordante ce soir et puis il y a la fatigue aussi. Il s'agissait sans doute d'un simple courant d'air que nous n'avons pas senti mais qui a été assez fort pour tout éteindre. Il n'y a rien d'anormal là-dedans.

— Tu as peut-être raison, concéda Betty.

Elles se turent, mais mirent longtemps à s'endormir car toutes deux savaient qu'à l'approche de l'hiver la maison avait été calfeutrée et qu'aucun courant d'air ne pouvait plus y pénétrer. Et ce regard…

5

Dès le lendemain, leur enseignement débuta. Tituba vint les réveiller alors que le soleil n'avait pas encore passé la frondaison des forêts environnantes. Les domestiques eux-mêmes n'étaient pas levés et, à l'approche de l'hiver, la maison était glaciale. Les cheminées n'avaient pas encore été allumées, car les réserves de bois venaient juste d'être engrangées. Les marches de l'escalier craquaient bruyamment sous leurs pas endormis mais les carrelages des sols eurent tôt fait de les réveiller. Pieds nus, elles se précipitèrent dans le petit salon et se blottirent dans les fauteuils, relevant les jambes pour les enfoncer dans les coussins, à l'abri du froid. Mais Tituba leur ordonna de mettre les bûches dans l'âtre de la cheminée puis de la rejoindre à la cuisine car elles prépareraient toutes les trois le repas du dîner et du souper avant même d'avaler quelque chose. Horrifiée par ce qu'on leur imposait à elle et à sa cousine, Betty tenta de protester mais un regard flamboyant de Tituba l'empêcha de se plaindre. Les deux filles la suivirent dans la froide cuisine, résignées. Betty et Abigail ne l'avaient jamais vue sans miss Salinger, et celle-ci participait pleinement à l'aura de chaleur qui émanait habituellement de la pièce. Ce matin-là, tout y était propre et parfaitement rangé, une odeur de savon régnait et on n'entendait plus ces délicieux bouillonnements qui s'échappaient normalement des casseroles et marmites mijotant tranquillement. Il n'y avait ni le clapotis de l'eau de vaisselle, ni le tintement des couvercles qui battaient sur les marmites bouillonnantes. Le bruit des couteaux, des cuillères et des murmures approbateurs de la cuisinière goûtant ses plats, qui donnait autrefois une atmosphère magique à la pièce, manquait cruellement.

La matinée commença donc par l'épluchage et le découpage de centaines de légumes sous l'œil acéré de Tituba. Pommes de terre, carottes, navets, choux, courgettes, aubergines, tomates. Un véritable arc-en-ciel s'était déployé sur le plan de travail mais les filles, loin de l'admirer, soufflaient sur leurs doigts meurtris et contractés. Tituba leur permit de manger une tranche de pain mais, sitôt avalée, elles reprirent le travail harassant. Sept heures sonnèrent, et lorsque miss Salinger arriva, Tituba ordonna aux deux filles de tout ranger et de la rejoindre dans le petit salon pour la couture. Betty et Abigail, épuisées d'avoir été si longtemps courbées, lancèrent un regard plein de désespoir à miss Salinger qui les prit chacune par un coude et les percha sur les hauts tabourets. Elle leur apporta des tranches de pain généreusement beurrées, de la viande séchée, des œufs durs et de grands verres de lait. Elle retroussa ses manches et rangea à leur place. Miss Salinger était une femme forte et robuste et elle nettoya le plan de travail en un rien de temps. Puis elle se mit immédiatement à son propre travail car, malgré ce que Tituba avait dit, Betty et Abigail n'avaient pas préparé de repas. Ni pour le dîner, ni pour le souper. Elles ne savaient même pas à quoi allaient servir tous ces légumes.

Ayant avalé jusqu'à leur dernière miette de pain, les deux filles remercièrent miss Salinger qui leur dit :

— Dites-lui de ne pas trop en faire. Vous êtes de naissance noble et vous n'aurez jamais autant de travail à accomplir. Dites-lui de se souvenir que vous êtes encore des enfants.

Puis elle retourna à son labeur.

Betty et Abigail allèrent retrouver Tituba en traînant les pieds. Elles espéraient tomber sur le révérend et lui montrer leurs mains, pour qu'il sache ce que la servante barbadienne leur faisait endurer dès le premier jour. Mais Samuel Parris n'était pas encore réveillé. Et lorsque, dans le petit salon, elles aperçurent les lés de tissus et la collection d'aiguilles et d'épingles étalés sur la table basse, elles soupirèrent et se regardèrent dans l'espoir que l'autre trouve une solution. Puis elles se laissèrent finalement tomber lourdement sur le canapé.

— Nous commencerons par le point de croix, déclara Tituba de sa voix gutturale. Une femme ne peut entrer dans le monde sans connaître le point de croix bien qu'il s'agisse du mode de couture le plus grossier.

Et les jours défilèrent. Cuisine et couture le matin, cuisine et couture l'après-midi. Betty et Abigail déploraient leur captivité qui durait depuis des jours et des jours. Certes, elles avaient fait d'immenses progrès en cuisine, labeur qu'elles accomplissaient avec plaisir. Tituba était beaucoup moins sévère et elle leur racontait souvent des histoires de son pays, la Barbade. Mais elles n'étaient pas sorties plus loin que l'enceinte du jardin depuis longtemps maintenant et leurs courses campagnardes leur manquaient terriblement. Ezra aussi d'ailleurs. N'ayant pas pu entrer en contact avec lui depuis l'arrivée de Tituba, elles ne savaient pas s'il était au courant qu'elles ne le fuyaient pas mais étaient tout simplement retenues chez elles. Elles se penchaient souvent aux fenêtres de leurs chambres dans l'espoir de l'apercevoir et de le rassurer. Elles ne l'avaient pas oublié. Le révérend ne comprenait pas la maussaderie dont elles faisaient preuve.

— Cela doit être si délectable pour vous de vous sentir femmes ! s'exclamait-il lorsqu'elles essayaient de lui parler de leur travail.

Elles avaient d'ailleurs abandonné car il ne les écoutait pas. Et leurs mains meurtries étaient pour lui la preuve que Tituba prenait sa tâche à cœur. Celle-ci semblait les comprendre car de jour en jour elle diminuait les corvées des filles, leur laissant plus de repos et de loisirs. Mais elle n'avait pas encore demandé au révérend si les filles pouvaient sortir du jardin. Et c'était cela que Betty et Abigail déploraient.

Un jour qui se déroulait comme les autres, Tituba décida qu'elles confectionneraient un rideau. Un rideau pourpre en velours avec une fine doublure de tulle marron pour la chambre du révérend car ses propres rideaux ressembleraient d'ici peu à de la charpie. Résignées à ne pas sortir encore aujourd'hui, Abigail et Betty s'installèrent à leur place habituelle près de la fenêtre et, tandis que Tituba leur donnait des instructions, elles regardèrent tristement dehors. Elles n'étaient pas emprisonnées après tout, mais passer d'une existence bohème à celle de femme d'intérieur n'était ni facile ni satisfaisant. Elles attrapèrent leurs aiguilles, leurs fils et un bout du tissu pourpre et s'attelèrent à leur travail. Tituba les regardait du coin de l'œil, un étrange sourire au coin des lèvres.

— Mes chères enfants, j'ai deux nouvelles à vous annoncer.

— Je suppose qu'il y en a une bonne et une mauvaise, n'est-ce pas, Tituba ? demanda Abigail.

— En effet. Laquelle voulez-vous entendre en premier ?

— Commençons par la mauvaise, soupira Betty.

— Vous allez devoir travailler encore plus si nous voulons offrir ce rideau demain au révérend.

— Et la bonne ?

— Vous êtes libres pour tout l'après-midi, mesdemoiselles. Sortez vous amuser, allez courir les champs et retrouver votre ami boucher.

— Mais… et pour le rideau ? demanda Betty.

— J'y arriverai seule, soyez sans crainte. Je le finirai bien plus vite d'ailleurs, ajouta Tituba.

Les deux jeunes filles se regardèrent, incrédules, puis se tournèrent vers Tituba qui leur souriait gentiment. Elles se levèrent et coururent dans leurs chambres se préparer. Quelques minutes plus tard, elles claquaient la grande porte et traversaient la propriété en courant en direction du bois de Kyron dans l'espoir d'y voir Ezra. À peine arrivées en vue du bois, elles l'aperçurent, adossé contre une souche à l'orée. Elles crièrent et agitèrent les bras dans sa direction et elles le virent avec plaisir répondre à leurs signes. Épuisées, elles se laissèrent tomber de part et d'autre de lui et reprirent leur souffle.

— Je me demandais où mes deux demoiselles préférées avaient bien pu filer, déclara tranquillement Ezra. Cela fait si longtemps que nous nous sommes vus. Que vous est-il arrivé ? J'ai tellement de choses à vous raconter.

— Et nous aussi, Ezra ! s'exclama Betty.

Elles lui racontèrent donc l'arrivée de Tituba engagée par le révérend afin de leur faire commencer leur apprentissage, les heures de cuisine et de couture sans sortir. Ezra s'indignait régulièrement et il jura lorsque Betty lui rapporta ce que son père avait dit de lui.

— Comment avez-vous fait pour sortir ? demanda-t-il, encore furieux.

— Tituba nous a laissé notre après-midi, répondit Abigail.

— Elle n'est donc pas si méchante !

— Oh non ! Elle est juste… étrange…

— Et toi, Ezra ? Qu'avais-tu à nous raconter ?

— Installez-vous bien, mesdemoiselles, et préparez-vous à frémir car moi-même je n'en reviens toujours pas.

Les deux filles battirent des mains, heureuses de retrouver leur ami. Il n'avait pas changé et l'histoire qu'il allait leur conter serait passionnante. Elles s'assirent en tailleur, les coudes posés sur les genoux, la tête dans le creux des mains, face à Ezra.

— D'étranges événements se sont déroulés dans le village ces derniers temps. Je pensais d'ailleurs que c'était pour cela que le révérend ne vous laissait plus sortir.

— Quelles sortes d'événements ? demanda Betty.

— Des choses que personne n'a pu expliquer, répondit-il, mystérieux. Des choses qui semblent ne venir de nulle part et dépasser même les hommes de Dieu. Ceux-ci parlent de l'apocalypse, mais tout le monde sait qu'ils nomment ainsi ce fléau faute de mieux.

— Un fléau ? Qu'est-il arrivé ? Dis-le-nous, Ezra !

— Je ne sais pas vraiment. Tout le monde s'interroge. Mais des bêtes sont tombées malades, on dit que les vaches ont donné du lait rouge, dit-il, les sourcils froncés et le regard passant de l'une à l'autre, comme du sang. J'ai trempé mon doigt dans l'un des seaux et ce n'était pas une illusion. Ma main en est ressortie toute tachée d'un liquide rouge et épais. Des troupeaux entiers ont été décimés, mais les éleveurs ont aussi été contraints d'abattre eux-mêmes leurs bêtes.

— Du lait rouge ? Mais ce n'est pas possible ! s'exclama Betty. Ça n'existe pas. Comment des vaches pourraient-elles donner du lait rouge ? C'est comme si une poule pondait un œuf… je ne sais pas… carré !

— C'est assez sérieux, sais-tu. Les récoltes de blé n'ont pas été suffisantes et l'hiver s'annonce rude, et avec la perte de toutes ces bêtes, cela ne facilite pas les choses. La chair sera maigre lorsque les neiges seront là et tous n'auront pas l'estomac plein. Hank a même dû réduire ses portions de viande et les prix ont déjà augmenté. Peu, certes, mais tous ne peuvent pas se les payer. Et il y a aussi eu plusieurs accidents.

— Lesquels ?

— Des maisons ont brûlé…

— Cela peut être à cause d'un feu mal éteint, non ? Il n'y a rien d'extraordinaire là-dedans. Ne te souviens-tu pas de la maison de Margaret Scott qui a brûlé l'an dernier ? On n'y a retrouvé que des cendres. Heureusement qu'elle ne s'y trouvait pas !

— Cinq maisons ont été réduites en cendres en quelques jours. Et on dit que le feu était impossible à éteindre. J'ai même vu de mes yeux l'eau jetée sur les flammes agir comme de l'alcool. Le feu était plus grand encore, les flammes grondaient et la chaleur était insupportable. Tous les hommes du village s'étaient rassemblés et avaient formé une chaîne pour passer les seaux d'eau. Même les femmes et les enfants ont dû les aider. Ils n'ont pas réussi à sauver une seule des cinq maisons. Et de ceux qui y vivaient, pas un n'a pu expliquer comment le feu avait pris.

— Tu dis n'importe quoi. Tu nous racontes encore des histoires.

— Je vous jure malheureusement que tout est vrai. Les gens sont affolés car ils ignorent d'où leur viennent tous ces malheurs et chacun se méfie de son voisin en croyant qu'il en est la cause. Mais je n'ai pas fini !

— Quoi ? Il s'est encore passé autre chose ? s'exclama Abigail.

— Cette semaine, deux enfants se sont noyés dans la rivière. Le petit Carthy et la fille de Sarah Wildes. Ils nageaient tranquillement. Les deux familles s'étaient réunies pour un pique-nique. Les parents discutaient quand ils ont entendu crier les enfants, mais le temps que les pères se jettent à l'eau, Ellen et Caleb avaient déjà coulé comme des pierres. Ils ont eu beaucoup de mal à retrouver les corps car le courant de la rivière avait forci et les cadavres avaient été entraînés en aval, à quelques lieues de là.

— Ellen s'est noyée, répéta Abigail, incrédule. Mais comment ? Elle nageait parfaitement…

Les trois jeunes restèrent un moment sans parler. Ezra laissa le temps aux filles de digérer toutes ces informations qui n'étaient guère plaisantes. Le révérend les avait tenu enfermées pour une bonne raison, semblait-il, et cela avait marché. La bulle dans laquelle elles avaient été placées venait d'éclater et la dure réalité les frappait de plein fouet. Toutes ces horreurs ! En quelques jours… Jambes croisées, Abigail jouait avec les feuilles mortes amoncelées autour d'elle. Elle les froissait entre ses mains et admirait la terre humide qui s'était collée dans les replis de ses paumes. Elle avait du mal à comprendre tout ce qu'Ezra venait de raconter. Cela lui semblait si irréel. Ce fut finalement Betty qui rompit le silence.

— À quoi étaient attribuables toutes ces choses ?

— Personne ne le sait vraiment. Mais un drôle d'homme tout en noir avec un grand chapeau sur la tête est arrivé au village et il interroge les habitants.

— Qui interroge-t-il ? Et pourquoi ? demanda Abigail dont la voix absente semblait flotter dans l'air automnal.

— Je ne sais pas.

Ezra décida que la journée était trop belle pour rester assis à penser à toutes ces histoires. Il se leva d'un bond et saisit chacune des filles par un bras pour les hisser sur leurs pieds. Et il se mit à courir tout autour d'elles en poussant de grands hurlements et en agitant les bras comme un dément jusqu'à ce qu'un sourire éclaire leurs visages. Au bout d'un moment, elles le suivirent dans sa course folle et les trois amis hurlèrent à tue-tête dans le champ devant le bois. Les oiseaux, dérangés par ce vacarme, s'envolèrent dans un bruissement d'ailes. Et les corbeaux noirs, oiseaux de mauvais augure, croassèrent avec véhémence contre ces fauteurs de troubles.

Lorsque Betty et Abigail rentrèrent chez elles en promettant à Ezra de ne plus le laisser seul aussi longtemps, elles avaient mille questions en tête et espéraient tomber sur le révérend pour obtenir des réponses. Mais quand elles franchirent la porte de la maison, Tituba les accueillit et les envoya directement prendre leur bain.

— Le révérend a beaucoup de choses à régler, déclara-t-elle. Il rentrera tard.

Lorsque l'imposante servante barbadienne se pencha sur elles pour les embrasser sur le front avant qu'elles ne s'endorment, Abigail et Betty crurent déceler sur sa robe informe une vague odeur de feu de bois, de fumée et de cendres. Et une autre... N'était-ce pas l'âcre odeur du sang ?

6

Le lendemain, Abigail et Betty entreprirent leurs travaux sous la houlette de miss Salinger. Tituba était en congé pour la journée et ne reviendrait que le soir. Elle n'avait pas de famille ou d'amis dans les environs, personne ne savait donc où elle était partie. Miss Salinger était beaucoup plus laxiste que Tituba. Les filles pinaillaient plus qu'elles ne travaillaient et la grosse cuisinière ne cessait de leur glisser discrètement des friandises dans les poches. Malgré le soleil radieux qui brillait dehors et la douce chaleur qui serait sans doute la dernière avant l'hiver, le révérend Samuel Parris était contrarié. Il avait eu vent de leur excursion de la veille. Il ne les avait pas réprimandées, mais avait tenu à ce qu'elles comprennent que cela n'arriverait pas souvent. Betty avait tenté de poser des questions à son père au sujet des étranges événements, mais celui-ci avait fait mine de ne rien entendre. Après un bref sermon sur les turpitudes de la vie, il s'était éclipsé rapidement en prétextant des affaires urgentes à la paroisse.

— Il ne veut pas nous répondre, gronda Betty. Cela signifie donc qu'Ezra a dit vrai. Il y a quelque chose qui se passe dans le village et il veut nous en tenir à l'écart.

— Et on ne peut pas sortir, déplora Abigail.

— Papa est sorti et je suis sûre que miss Salinger nous laisserait au moins aller dans le jardin.

— Et comment saurons-nous ce qui se passe au village si nous restons cloîtrées au jardin ? Ce ne serait ni plus ni moins qu'une prison autre que cette maison !

— Fais-moi confiance !

Et Betty partit en direction de la cuisine, un sourire angélique sur les lèvres. Abigail l'entendit demander à la cuisinière :

— Puis-je vous aider, miss Salinger ? Je pourrais vous soulager d'une partie de votre labeur…

Le doux cerbère de la cuisine lui répondit d'une voix tendre :

— Oh non, ma petite Betty. Comme vous êtes gentille ! Mais vous devriez plutôt profiter de l'absence de Tituba pour vous reposer un peu !

— Pourrions-nous alors sortir nous amuser dans le jardin ? Il fait si beau dehors !

Miss Salinger parut perplexe et regarda attentivement la petite Parris.

— Eh bien, il me semble que ce ne serait pas désobéir aux ordres du révérend que de vous laisser prendre l'air.

Betty n'attendit pas la suite et, hurlant de joie, elle se précipita dans le couloir, attrapa le bras d'Abigail et l'entraîna. Elles sortirent dans le jardin et contournèrent l'imposante maison. Au fond du terrain, derrière les érables rouges que Samuel Parris avait plantés plus de quatorze ans auparavant, à la mort de sa femme, en son honneur, se trouvait une épaisse haie de lauriers si dense qu'on ne distinguait plus le sol dans lequel ils étaient plantés; rien ne filtrait à travers. Pourtant, Betty s'y dirigea de pied ferme et s'orienta rapidement vers le plus gros des lauriers dont les feuilles vert profond, épaisses et rigides, brillaient dans la pure lumière matinale. Elle s'accroupit et dit à Abigail :

— Assieds-toi par terre et surveille discrètement les fenêtres de la maison. Il faut s'assurer que personne ne nous épie. Je ne sais pas si avec le temps le passage ne s'est pas refermé.

— Quel passage ? Et pourquoi ne m'en as-tu jamais parlé ?

— Papa m'a dit que c'est ma mère qui a fait poser cette haie de lauriers. Elle voulait que la haie paraisse infranchissable, mais elle et mon père y avaient creusé un passage entre les branches pour pouvoir s'échapper de temps en temps, au nez et à la barbe de leur famille et de leurs domestiques. Avec le temps, les arbres ont poussé et la trouée a été recouverte mais étrangement, passées les premières branches, le conduit était resté intact derrière. Je ne m'en suis jamais servi auparavant, s'empressa-t-elle d'ajouter devant l'air fâché d'Abigail. Papa ne nous avait jamais enfermées.

Tandis que Betty soulevait précautionneusement les branches, Abigail riva son regard sur les fenêtres de l'étage. Rien ne bougeait derrière les vitres, la plupart étaient même fermées par les lourds rideaux.

— Il est encore là ! s'écria Betty. Intact ! C'est incroyable !

Lorsqu'Abigail se retourna pour contempler la trouée qui s'enfonçait dans l'obscurité des arbres, un mouvement accrocha son œil. Elle leva la tête et aperçut quelqu'un qui s'éloignait rapidement d'une fenêtre. Quelques instants après, le rideau retombait.

— Alors ? Qu'est-ce que tu attends, Abi ? demanda Betty avec impatience. Il faut y aller. On ne pourra pas rester longtemps. Dépêchons-nous.

— Il y avait quelqu'un qui nous observait de là-haut, dit-elle, pointant le doigt vers la fenêtre.

— Qui ça ? interrogea Betty en regardant à son tour. Je ne vois personne.

— J'ai vu quelqu'un, insista Abigail. Je pense que c'était Tituba.

— Tituba ? Voyons, c'est impossible ! Tituba est en congé et elle ne reviendra qu'en fin de journée.

— Je sais ce que je dis. Je l'ai vue, je te le jure.

— Écoute, tant pis. Je meurs d'envie de savoir ce qu'il se passe au village. Allons-y. Ce n'est pas une petite dispute qui m'en empêchera.

Après un dernier regard sur la fenêtre, Abigail haussa les épaules et suivit sa cousine sous la frondaison humide et sombre. Elles avançaient debout, la tête un peu baissée. La mère de Betty n'avait pas fait planter qu'une haie mais une véritable petite forêt. Le chemin sous le couvert des arbres se poursuivait sur quelques pieds de long. Abigail se retourna et découvrit que le passage s'était sagement refermé derrière elle. Du coup, elle comprit pourquoi elle ne l'avait jamais découvert. Elles continuèrent quelques minutes et débouchèrent sur le grand champ derrière la maison. Là, elles se regardèrent et éclatèrent de rire. Et à toutes jambes, elles s'enfuirent vers le village sous le soleil rieur et doré comme les feuilles qui tombent. Elles s'aperçurent dans les rues d'une austérité et d'une tension peu communes au lieu. Les habitants si chaleureux et loquaces rasaient les murs et marchaient tête basse. Il semblait que chacun avait peur de l'autre. Ezra avait dit vrai. Elles s'enfoncèrent dans les petites rues adjacentes à la principale avenue de commerces et restèrent discrètes. De toute façon, personne ne faisait attention à elles. Elles tournèrent au hasard des rues, laissant une de leurs mains traîner sur les murs de pierre froids et anguleux des maisons. Abigail voulut dire quelque chose mais se retint finalement. Les lieux ne se prêtaient à aucun son. On aurait dit que le village entier avait succombé, ne laissant derrière lui que ces deux petites filles. Leurs pas les avaient portées presque machinalement jusqu'à l'église du révérend et elles bifurquèrent avant de se retrouver devant. Au coin d'une rue, Betty s'arrêta si brusquement qu'Abigail lui rentra dedans. Deux hommes parlaient d'un ton si bas qu'Abigail se demanda comment Betty avait pu les entendre. Mais elle comprit. Un des deux hommes était le révérend et la voix si connue avait frappé sa fille. Elles se rencognèrent contre le mur et écoutèrent :

— Malgré tout le respect que je vous dois, révérend Parris, déclara l'homme d'une voix grave et menaçante, ce n'est pas à vous de me dire ce que je dois faire. Je ne fais que mon travail en interrogeant ces gens.

— Mais pourquoi toutes ces femmes, inquisiteur Patton ? Pourquoi séquestrez-vous, pardonnez-moi le terme mais c'est bien là ce que vous faites, ces pauvres femmes ?

— Je ne peux tout vous révéler, révérend, et il serait d'ailleurs plus bénéfique pour vous que vous ne posiez pas autant de questions.

— Je n'ai que faire de vos menaces, Patton ! Vous et vos hommes êtes en train de mettre mon village en sang ! Vous êtes les fils du diable et je vous empêcherai de perturber ma paroisse !

— Mais, mon bon révérend Parris, c'est exactement cela que nous traquons : les enfants du diable ! Voyez-vous, cela nous fait un point commun... conclut l'inquisiteur Patton dans un éclat de rire sardonique.

Abigail et Betty se regardèrent. Quand Abigail s'éloigna silencieusement, sa cousine la suivit sans histoire. Elles avancèrent sans parler de ce qu'elles venaient d'entendre. D'ailleurs, elles en avaient assez vu. Betty décida qu'elles rentraient à la maison.

Arrivées chez elles, elles eurent la surprise de voir Tituba. Un regard appuyé d'Abigail fit comprendre à Betty que sa cousine n'avait pas rêvé. Tituba n'était jamais partie. Comment diable avaient-elles pu ne pas la voir dans la maison ? L'imposante Barbadienne les laissa libres tout l'après-midi et les deux filles vinrent s'installer près d'elle dans le jardin. Elles lui racontèrent ce qu'Ezra leur avait dit sur ce qui se passait au village, mais omirent volontairement de lui parler de la discussion entre le révérend et cet homme, l'inquisiteur. Tituba ne se prononça pas, elle était très avare de mots, mais les filles purent déchiffrer sur son visage un mélange de curiosité, de malice et comme un air de triomphe. Ce fut fugitif. Aussitôt, elle retrouva son air énigmatique et ferma les yeux.

— Tituba ! Tituba ! cria miss Salinger en sortant de la maison en courant, les bras levés et l'air passablement agité. Vous m'aviez demandé de ne pas toucher à vos plats et je me suis absentée de la cuisine quelques instants. Oh ! Je n'ai pas été si longue ! Mais quand je suis revenue, une épaisse fumée folâtrait dans la cuisine ! Oh, ma pauvre Tituba ! Tous vos plats ont brûlé !

Miss Salinger paraissait abattue, comme s'il s'agissait de ses propres créations. Les bras désormais ballants, elle regardait le sol comme si elle était fautive. Et lorsqu'elle releva les yeux pour s'enquérir des sentiments de Tituba, elle fut surprise de constater que celle-ci n'avait même pas daigné ouvrir les yeux. Seul un léger sourire sur ses lèvres montrait qu'elle avait entendu. Les deux jeunes filles et miss Salinger attendaient une réaction. Toutes trois retinrent leur souffle quand Tituba ouvrit la bouche.

— Ce n'est pas grave, miss Salinger. Je recommencerai le repas et voilà tout.

— Mais les invités du révérend doivent arriver dans quelques heures.

— Des invités ? s'exclama Betty. Quels invités ? Et comment se fait-il que papa ne nous prévienne jamais ? Après tout, nous vivons ici nous aussi.

— Miss Betty, dit Tituba d'une voix doucereuse qui fit frissonner la jeune fille, votre père n'a, me semble-t-il, pas besoin de vous demander votre avis sur qui peut ou non entrer dans cette maison. Miss Salinger, ne vous inquiétez pas. Je m'occuperai du souper et tout sera prêt à temps.

Et elle referma tranquillement les yeux tandis que Betty, Abigail et miss Salinger la fixaient encore. Mais Tituba était partie loin et elle n'accorda pas la moindre attention à celles qui l'entouraient. Miss Salinger retourna donc dans sa cuisine en maugréant et en maudissant cette grosse femme qui allait provoquer la colère du maître alors que, s'il lui avait demandé à elle de préparer le repas pour les invités, elle l'aurait fait et il n'y aurait pas eu de soupe brûlée et de poulet carbonisé.

Lorsque Samuel Parris rentra chez lui, il était épuisé. Des cernes entouraient ses yeux et ses traits étaient tirés par la fatigue, ce qui lui donnait l'air plus vieux qu'il n'était. Il n'avait qu'une envie, s'enfermer dans son bureau, s'installer dans son fauteuil et s'endormir. Malheureusement, il lui fallait aller voir ses filles, superviser les domestiques et accueillir ses invités qui n'allaient maintenant plus tarder. Les choses allaient mal au village et il devait en éloigner les filles quelques jours. Il ne prit que le temps de se laver dans le grand bac d'eau tiède et il se délassa quelques minutes dans le mélange de savon et de crasse avant de se rincer avec les seaux d'eau froide, ce qui le ragaillardit. Il venait à peine de s'habiller qu'il entendit la cloche de la porte tinter. Étaient-ils en avance ou avait-il traîné plus que de raison dans son bain ? Il descendit en vitesse et faillit percuter les deux filles qui s'étaient précipitées hors de leurs chambres pour voir qui arrivait. Cathy ouvrit la porte et Samuel Parris salua comme il se devait son ami de longue date, le juge Nathaniel Saltonsall – à la crinière blanche et au léger embonpoint –, et sa ravissante femme, Beth, qui arborait de longs cheveux bruns cascadants et une taille de guêpe malgré ses quarante-huit ans révolus. Beth et la mère de Betty avaient aussi été amies et, à la mort de la jeune femme, le couple Saltonsall avait été très présent pour le révérend.

— Mon vieil ami Nathaniel ! Comment allez-vous ? Beth, vous êtes superbe ! Est-ce l'air de la ville qui vous donne d'aussi belles couleurs ?

— Sans doute, mon cher Samuel, mais bien moins que les mets que j'y goûte et les spectacles auxquels j'assiste ! répondit-elle dans un rire cristallin en tendant sa main que le révérend s'empressa de baiser.

— Entrez, je vous en prie ! dit le révérend. Nous passerons à table dans quelques instants. Les filles, venez dire bonjour à Nathaniel et Beth Saltonsall.

— Mon Dieu, qu'elles ont grandi ! s'exclama Nathaniel. La dernière fois que je vous ai vues, vous aviez encore vos rondeurs enfantines et vous voilà devenues aussi fines que des branches d'églantier. Mon pauvre Samuel, vous risquez d'avoir à votre porte beaucoup de prétendants que ces demoiselles auront éconduits et qui, désespérés, vous offriront des fleurs en espérant s'attirer vos bonnes grâces.

Abigail et Betty pouffèrent devant l'air déconfit de Samuel Parris. Il voulait qu'elles soient des femmes, il lui fallait donc en assumer les conséquences.

— Dites-moi, jeunes filles, je suis sûre que votre père ne vous a même pas parlé de l'objet de notre visite. Car outre le fait que nous mourrions d'envie de vous revoir, nous sommes venus vous proposer quelque chose. Avez-vous une idée de ce dont je parle ?

— Non, Mrs. Saltonsall, répondit Betty. À vrai dire, papa ne nous avait même pas annoncé votre visite. Nous avons appris il y a quelques heures seulement que vous veniez.

— Oh ! Samuel, décidément, vous êtes incorrigible ! Priver ces pauvres jeunes filles du plaisir de votre annonce !

— Je n'ai encore rien décidé… marmonna Samuel.

— Mais alors, pourquoi sommes-nous là ? s'exclama Beth.

La voyant si jolie qui mimait parfaitement l'indignation, le révérend sourit et se tourna vers ses filles.

— Nathaniel et Beth vivent à Boston où Nathaniel est un juge reconnu, un grand juge, somme toute. Ils sont ici pour vous proposer de vous y emmener quelques jours.

— Il est temps pour vous de découvrir les joies et les mystères de la vie citadine ! s'écria Nathaniel.

Betty et Abigail se regardèrent, incrédules. Elles allaient à Boston, à la ville. Dans cette ville où se déroulaient tous les récits d'Ezra. Elles se retinrent de sauter sur place et de hurler de joie devant les invités de peur qu'ils ne changent d'avis, mais un immense sourire barra leur visage jusqu'au moment où Samuel Parris appela Tituba pour le souper. Celle-ci arriva du jardin où elle était restée toute la journée et se rendit dans la cuisine. Abigail et Betty pensèrent au repas carbonisé et à miss Salinger qui avait fini son service et était partie après le leur avoir annoncé. Tituba n'était pas retournée dans la cuisine. Le révérend serait furieux et Tituba ne resterait sans doute pas dans la maison. Elles retinrent leur souffle quand elles entendirent les portes de la cuisine claquer. Et furent estomaquées de voir Tituba arriver, précédée par d'alléchantes odeurs, avec sur le chariot une soupière pleine d'un potage de pommes de terre et d'oignons qui embaumait l'air et un poulet parfaitement rôti servi avec carottes et courgettes. Le tout était cuit à point. Parfait à vrai dire. Et Samuel Parris, Nathaniel et Beth Saltonsall mangèrent allégrement sans se douter de rien. Les deux filles, elles, aperçurent Tituba leur faire un clin d'œil et elles avalèrent difficilement leur assiette.

7

Le lendemain matin, la promesse de leur départ prochain pour Boston occulta les événements de la veille. Betty et Abigail se levèrent, très excitées, et sans attendre leur femme de chambre elles plongèrent dans leurs placards pour en sortir toutes leurs toilettes. Lorsque Cathy entra dans la chambre elle les vit toutes les deux assises en tailleur sur le plancher. Des robes, des chapeaux, des bas et des chaussures étaient éparpillés partout dans la pièce. Abigail et Betty discouraient très sérieusement sur telle ou telle toilette à apporter ou non.

— Je sais que tu adores ta robe blanche, Betty, mais nous allons en ville et tu risques de la salir rapidement. C'est pareil pour ta belle robe rose à ceinture en dentelle et ma toilette écrue.

— Oh ! Elle est pourtant si belle ! Mais que pouvons-nous apporter alors ?

— Prenez votre robe turquoise, miss Betty, suggéra Cathy, et celle qui est verte comme une pomme avec le col et la ceinture de dentelle. Prenez aussi les chapeaux et les chaussures qui vont avec. Et pour vous, miss Abigail, vous serez très bien dans cette tenue bleu nuit et celle qui est d'un violet si profond... Mais où est-elle donc ? demanda Cathy tout en soulevant les habits qui jonchaient le sol.

— La voilà, Cathy, dit Abigail en brandissant sa robe comme un trophée.

— Très bien ! Vous voilà donc satisfaites et nous y reviendrons, car après tout, vous ne partez que dans quelques jours.

— Il faut nous tenir prêtes, Cathy. Un voyage comme cela ne se fait pas tous les jours, déclara pompeusement Betty. Nous pourrons enfin dire à cette peste d'Ann Putnam que nous sommes aussi allées à Boston et que c'était pro-di-gieux ! ajouta-t-elle d'un ton ampoulé.

Elles éclatèrent de rire. Cathy tenta de les sermonner.

— La jalousie et la rancune ne sont pas de louables qualités, vous savez. Pas plus que l'envie et le mépris.

— Oh, allons, Cathy ! Nous ne faisons que nous moquer gentiment. Décidément, papa a sur toi une influence que je n'apprécie guère. Tu es encore bien trop jeune pour nous donner des leçons de morale et c'est bien pour cela que nous t'aimons tant. Laisse ce fâcheux travail à papa, à miss Salinger ou même à Tituba. Mais n'entache pas l'amour que nous te portons par ces tristes propos d'adulte.

Attendrie, Cathy consentit à sourire et les poussa toutes les deux dans le couloir pour qu'elles aillent prendre leur petit-déjeuner.

— Tu sais, Cathy, le choix des toilettes que nous apporterons est très important. Nous ne pouvons nous permettre de laisser à penser que nous venons de la campagne profonde.

— Il n'y a pourtant aucun mal à venir de la campagne. Vous-mêmes êtes très heureuses de courir les bois et les champs, de vous baigner dans la rivière, de ramasser des châtaignes et des champignons. Vous seriez bien tristes si on vous enlevait tout ça.

— Oui. Mais là, il s'agit de faire bonne impression. Nous devrons nous comporter de telle manière que les gens que nous rencontrerons pensent que nous avons été élevées à la ville. Ainsi, cela donnera une bonne image de Salem.

— Une bonne image ? s'exclama Cathy. Mais pour qui ? Vous ne voulez pas en parler ! Personne ne saura d'où vous venez !

— Ma chère Cathy, il est impossible de parler avec toi aujourd'hui. Je me demande bien quelle mouche t'a piquée, ajouta Betty. Oh ! Je ne veux pas le savoir ! Peux-tu plutôt nous renseigner sur les événements étranges qui se déroulent au village ?

— Ce ne sont pas vos affaires, miss Betty, vous et Abigail êtes bien trop jeunes. Si votre père a décidé de vous en tenir à l'écart, ne comptez pas sur moi pour outrepasser ses ordres.

Elle les poussa dans la cuisine et partit d'un pas précipité, l'air offensé. Les deux jeunes filles pouffèrent et, après avoir dit bonjour à miss Salinger, s'installèrent à table et dévorèrent leur déjeuner tout en discourant sur les merveilles qu'elles allaient découvrir à Boston.

Tituba n'apparut pas de la journée ; les filles furent donc tranquilles. Elles retrouvèrent Ezra qui les attendait au bord de la rivière. L'eau s'était considérablement rafraîchie et le jeune garçon n'y trempait que les pieds, allongé sur la berge, une pâquerette nonchalamment coincée entre les lèvres.

— Bonjour vous, dit-il d'une voix rauque qui se voulait séduisante.

Sa casquette molle d'avoir été portée tombait sur le côté et ses mèches de cheveux noirs qui passaient devant ses yeux lui donnaient un air canaille que les filles appréciaient grandement. Abigail était tout sourire. Elles s'installèrent à ses côtés et Betty s'empressa de lui rapporter la discussion qu'elles avaient surprise la veille entre son père et un homme qu'il appelait « inquisiteur Patton ».

— Jamais entendu parler, avoua Ezra, et pourtant je vous assure que je glisse mes oreilles partout où je le peux. Il s'agit sans doute de ce bonhomme habillé tout en noir. On dirait un croque-mort. Tout le monde s'écarte de lui dans le village. Cet homme fait peur ou je ne m'y connais pas. Toujours est-il que les femmes sont sa priorité. Sarah Bishop et son esclave, Candy, ont été interrogées. Mrs. Bishop était secouée à ce qu'on a dit, mais Candy, je l'ai vue, et il n'y a pas été de main morte avec elle. Pauvre bougresse ! Les yeux noirs, les coupures sur les bras, sans parler de tous ces coups qu'elle a reçus.

— Il pense que c'est elle ? demanda Abigail, abasourdie. Candy est sans doute la plus gentille et la plus honnête du village. Elle n'a même jamais été capable de tuer une araignée. Vous souvenez-vous de toutes ces fois où on la voyait sortir de la maison, les bras pleins de bocaux, eux-mêmes remplis de tous les insectes qu'elle avait trouvés en faisant le ménage ?

— Toutes ces histoires ne semblent pas intéresser notre inquisiteur, déclara Ezra d'un air sombre. Candy est noire et c'est une esclave, donc, d'après lui, elle pratique forcément la sorcellerie. Mais je suis certain qu'elle n'est pas responsable de ce qui se passe.

Betty était restée silencieuse un moment. Elle réfléchissait à ce qu'elle allait dire. Comment pouvait-elle en parler sans que ça ait l'air d'une accusation ? Finalement, elle se lança.

— Abi et moi avons vu Tituba agir étrangement. En fait, nous ne l'avons pas vraiment vue, mais depuis qu'elle est arrivée, des choses curieuses se produisent.

— Quel genre ?

— Le tout premier soir, quand elle est sortie de notre chambre alors qu'on se couchait, toutes les bougies se sont éteintes au même instant sans que personne les ait soufflées.

— Un simple courant d'air, proposa Ezra.

— Oui, c'est ce qu'on s'est dit, mais tout est calfeutré. Et pas plus tard qu'hier, miss Salinger est arrivée en courant pour dire que le repas de Tituba avait brûlé et qu'elle ne pourrait donc pas le servir à nos invités. Et non seulement elle n'a pas réagi, mais en plus elle est restée dans le jardin toute la journée. Le soir, le repas qu'elle nous a offert était parfait.

— Miss Salinger s'en était sans doute chargée, tenta Ezra.

— Non, elle était partie depuis bien longtemps… contesta Abigail. De plus, l'arrivée de Tituba correspond exactement au début des événements…

— C'est assez étrange en effet ! Il faudrait la surveiller… déclara Ezra tandis que les deux filles opinaient d'un air approbateur. Mais vous avez dit que vous aviez eu des invités ? Qui était-ce ?

— Oh oui, s'exclama Betty, avec toutes ces histoires nous ne t'en avons même pas parlé.

— Nous partons à Boston dans quelques jours, lui annonça Abigail. Le crois-tu ? Ce sera la première fois ! Nous allons découvrir la ville !

— C'est merveilleux ! Revenez-moi avec de belles histoires ! Mais faites attention aux voleurs d'enfants !

Ils éclatèrent de rire tout en sachant que ce que disait Ezra existait réellement.

Les jours se suivirent et Tituba ne réapparut pas. Pourtant, toutes les tâches qu'elle avait l'habitude d'accomplir dans la maison étaient faites. Les filles surprenaient les marmites et les casseroles bouillir dans la cuisine, les étoffes se coudre d'elles-mêmes et de nouveaux rideaux étaient installés aux fenêtres. Personne ne posait de questions. Miss Salinger avait pris un congé, le révérend restait absent toute la journée et Cathy et les autres domestiques étaient bien trop pris par l'intendance et le ménage de la demeure pour s'en préoccuper. Mais les filles passaient le plus clair de leur temps à fouiller la maison à la recherche de Tituba. Elle était là, elles en étaient sûres. Plusieurs fois, lorsqu'elles jouaient dans le jardin, elles avaient vu des rideaux retomber aux fenêtres et même la porte arrière de la maison s'entrebâiller légèrement avant de se refermer précipitamment lorsque Betty s'était levée et mise à courir dans cette direction. Abigail l'avait suivie. Quand elles avaient ouvert la porte, la pièce était vide ainsi que tous les couloirs qu'elles allèrent vérifier. Tituba était un courant d'air : bien présente, on ne la voyait pas. Cela faisait longtemps qu'elle n'avait pas obligé les filles à coudre ou à cuisiner. Elles ne s'en plaignaient pas mais, après tout, le révérend l'avait prise pour cela.

Le soir venu, quand Samuel Parris rentra chez lui, il était encore plus exténué que la veille, et à dix-neuf heures tapantes il sonna Tituba pour qu'elle serve le souper immédiatement afin qu'il puisse aller se coucher tôt. La cloche résonna dans les étages de la maison et il n'attendit pas plus de quelques secondes avant d'entendre le pas lourd et chuintant de la Barbadienne. Celle-ci venait de sortir de l'aile ouest du deuxième étage de la maison, là où se trouvait sa chambre. Or, Abigail et Betty avaient passé une grosse partie de la journée à rôder devant sa porte. N'entendant pas un bruit, Betty avait pris son courage à deux mains et avait tourné la ronde poignée de métal de la chambre. Elles y avaient pénétré avec précaution mais n'y avaient rien découvert de concluant. Non seulement Tituba n'était pas là mais, en outre, la pièce était tout ce qu'il y avait de plus ordinaire. Le lit était parfaitement fait, la fenêtre légèrement entrouverte pour faire aérer ; il n'y avait nulle trace de poussière et aucune de ses informes robes ne traînait dans la pièce. Évidemment, Tituba elle-même n'était pas là.

La servante passa devant les deux filles sans accorder la moindre attention à leurs regards atterrés et s'inclina très légèrement devant le révérend. Celui-ci posa les yeux sur Betty et Abigail.

— Allez vous laver les mains ! aboya-t-il. Où avez-vous encore traîné pour vous salir de la sorte ? Je vous prierais de ne pas m'humilier lorsque vous serez chez les Saltonsall. Je mourrai de honte si on vous ramène avec les ongles si noirs !

Sur ces mots, il pénétra dans la salle à manger.

— Oh ! Je déteste quand papa travaille trop ! gronda Betty, les poings serrés. Quelle mouche l'a piqué ? Et cette Tituba qui se joue de nous !

Elle s'éloigna précipitamment et Abigail lui emboîta le pas en soupirant. Si Betty et oncle Samuel étaient de mauvaise humeur, le souper n'allait pas être très gai.

Les mains propres, elles rejoignirent le révérend qui était déjà installé, les deux coudes sur la table et la tête reposant sur ses mains jointes. Au moment où Abigail s'asseyait, Tituba fit irruption dans la pièce, le repas soigneusement préparé trônant sur le chariot. De délicieux effluves de viande marinée et de légumes confits emplirent l'espace et Tituba ignora superbement le regard meurtrier de Betty. Elle servit les assiettes puis disparut dans la cuisine.

— Papa, commença Betty, tu sais que nous n'avons pas vu Tituba de la journée. Nous l'avons cherchée partout. Et comme nous avons toujours été dans la maison, nous l'aurions croisée si elle avait été là.

Comment expliques-tu que le repas soit prêt à l'heure alors qu'elle n'est jamais allée dans la cuisine ?

— Je suppose que Tituba voulait la paix et qu'elle s'est débrouillée pour éviter deux petites pestes comme vous. Qui t'a appris à espionner et à médire, Elizabeth Parris ? Tu peux bien te moquer d'Ann Putnam, tu ne vaux pas mieux qu'elle ce soir. Je continue à penser que cet Ezra a une mauvaise influence sur vous ! Et maintenant, mangez. Je suis fatigué et n'ai guère envie d'entendre vos divagations et vos accusations !

Betty grommela dans son assiette et elle en était encore à chipoter quand son père se leva et se dirigea vers sa chambre. Abigail n'osa dire un mot de peur de contrarier un peu plus sa cousine. Elle se contenta d'attendre qu'elle ait terminé son repas et toutes deux montèrent en silence dans leurs chambres. Abigail s'installa sur son lit et prit son livre de chevet. Quelques instants plus tard, Betty la rejoignit et lui demanda :

— Tu peux me lire un passage de ce que tu lis ? D'ailleurs, que lis-tu ?

— *Le Paradis perdu* de John Milton.

— Je ne connais pas. Où l'as-tu trouvé ?

— Dans la bibliothèque d'oncle Samuel, caché derrière une quantité d'ouvrages.

— Veux-tu bien m'en lire un peu ?

Abigail se racla la gorge, ouvrit l'œuvre au Livre VIII et commença :

— *Mes yeux il ferma, mais laissa ouverte la cellule de mon imagination, ma vue intérieure, par laquelle, ravi comme en extase, je vis, à ce qu'il me semble, quoique dormant où j'étais, je vis la Forme toujours glorieuse devant qui je m'étais tenu éveillé, laquelle se baissant, m'ouvrit le côté gauche, y prit une côte toute chaude des esprits du cœur, et le sang de la vie coulant frais : large était la blessure, mais soudain remplie de chair et remplie. La Forme pétrit et façonna cette côte avec ses mains ; sous ses mains créatrices se forma une créature semblable à l'homme, mais de sexe différent, si agréablement belle que ce qui semblait beau dans tout le monde semblait maintenant chétif, ou paraissait réuni en elle, contenu en elle et dans ses regards, qui depuis ce temps ont épanché dans mon cœur une douceur jusqu'alors non éprouvée : son air inspira à toutes choses l'esprit d'amour et un amoureux délice. Elle disparut et me laissa dans les ténèbres. Je m'éveillai pour la trouver, ou pour déplorer à jamais sa perte, et abjurer tous les autres plaisirs.*

Betty la regarda, bouche bée.

— Je crois comprendre pourquoi papa le cachait. Pourquoi ne te contentes-tu pas de Shakespeare ou de Spenser ? Nous aimons tant leurs œuvres ! *De l'audace, de l'audace ; en toute occasion, de l'audace*, déclama-t-elle. J'aime tellement cette phrase de Spenser. Pourquoi dois-tu toujours aller trouver ce qu'il y a de pire en littérature ?

— De pire ? Il s'agit d'une œuvre incroyable. Milton était un génie et je suis sûre qu'on lira encore son livre dans des siècles alors que Spenser sera oublié. De toute façon, il n'y a aucun intérêt à lire et relire les mêmes livres. La littérature évolue et chaque année de nouvelles œuvres apparaissent. J'aime les découvrir.

— De toute façon, je ne pense pas que papa serait ravi de savoir que tu lis ça. Finis-le et ramène-le rapidement ou tu auras des problèmes.

Abigail haussa les épaules et contempla amoureusement le livre.

Elles continuèrent à discuter jusque tard dans la nuit. Cathy n'était pas venue et Tituba non plus. Quant au révérend, il devait déjà dormir profondément à l'heure qu'il était. Abigail et Betty chuchotaient le plus doucement possible, la liberté était trop belle pour qu'on la sacrifie, et elles s'enfouissaient allégrement le visage dans les oreillers lorsqu'elles sentaient le rire poindre. Un bruissement dans le couloir les stoppa net. Quelqu'un venait de passer devant la porte de la chambre. Elles retinrent leur souffle et écoutèrent de toutes leurs forces. Un léger craquement leur fit comprendre qu'une personne descendait les escaliers. Betty sauta du lit et, sur la pointe de ses pieds nus, elle s'approcha de la porte. Tandis qu'elle tournait la poignée le plus silencieusement possible, Abigail la rejoignit. Elles entrouvrirent la porte en remerciant intérieurement les domestiques qui en avaient graissé les gonds, ce qui l'empêchait ainsi de grincer effroyablement. Une silhouette noire venait de disparaître dans l'escalier ; alors, toujours sur la pointe des pieds, Betty et Abigail la suivirent. L'ombre ouvrit la porte de la maison et disparut dans la nuit noire sans prendre la peine de refermer l'entrée. Elle facilita ainsi la tâche aux deux jeunes filles qui l'épiaient sans qu'elle semblât l'avoir remarqué. Un cri étouffé fit sursauter Betty qui devançait Abigail. Celle-ci avait une main plaquée sur la bouche et trépignait sur place en désignant la silhouette.

— Chut ! Qu'est-ce qu'il y a, Abi ? chuchota Betty.

— C'est Tituba, c'est Tituba ! Tu vois sa démarche ? C'est elle, c'est sûr !

— Qui d'autre qu'elle pourrait sortir à minuit ?

Vexée, Abigail poursuivit sa marche aux côtés de Betty. Tituba se dirigeait vers la forêt de Belwack. Un léger vent faisait bruire leurs chemises de nuit qui ne faisaient qu'un maigre rempart contre l'air froid nocturne.

— Écoute, Betty. Il fait froid et je n'ai aucune envie de suivre Tituba jusque dans la forêt. Nous sommes en pleine nuit et nous ne savons pas du tout ce qui nous attend là-bas.

— Mais alors que faisons-nous ? Nous devons quand même éclaircir cette histoire ! Et si tout ce qui arrivait était la faute de Tituba ? Et que va-t-elle faire dans cette forêt ?

Betty réfléchit un instant puis Abigail demanda :

— Crois-tu qu'il s'agisse de la première fois ? Peut-être s'y rend-elle tous les soirs depuis qu'elle est arrivée !

— Je ne sais pas, mais nous devons en parler à quelqu'un.

— Qui ? Oncle Samuel ne t'a pas crue ce soir. Cathy ? Elle ne comprendra pas. Quant à miss Salinger, elle pensera que c'est encore un de nos tours. Nous lui en avons tellement joué. À qui veux-tu en parler ?

— Tu ne vois donc pas ?

— Ezra ?

— Bien sûr ! C'est évident ! Il saura quoi faire. Rentrons nous coucher. Nous le verrons demain.

Elles retournèrent chez elles en courant pour se protéger du vent froid qui soufflait plus fort maintenant. Sur le perron, elles regardèrent en direction de la forêt et aperçurent Tituba, à l'orée, tournée vers elles. Malgré la distance qui les séparait, elles sentirent son regard sur elles. Frissonnant autant de froid que de terreur, elles se précipitèrent dans les étages et se cachèrent sous leurs draps.

8

— Êtes-vous certaines qu'il s'agissait bien de Tituba ? demanda Ezra, sceptique. Après tout, comment pouvez-vous le savoir, vous ne l'avez pas vue. Il faisait nuit noire, c'est vous qui me l'avez dit.

— Voyons, Ezra, sois raisonnable ! Qui veux-tu que ce soit ? Qui, dans notre maison, est assez étrange pour sortir à minuit et aller dans la forêt de Belwack ? Cathy ? Elle n'était pas là et elle est bien trop peureuse. Miss Salinger était en congé, Howard dormait profondément, nous l'avons entendu ronfler. Quant aux autres, leurs chambres sont situées à l'arrière de la maison, ils n'auraient donc eu aucun avantage à sortir par là. Et puis zut ! s'exclama Betty. Pourquoi est-ce que je me justifie ? La chambre de Tituba est située un étage au-dessus des nôtres, elle devait donc passer devant nous pour sortir. C'était bien elle !

— Ne t'énerve pas, Betty, supplia Abigail. Après tout, je comprends qu'Ezra ait du mal à le croire. Nous-mêmes n'en revenions pas.

— Ce n'est pas que je ne la croie pas, protesta le garçon, c'est juste que je la trouve très encline à dénoncer cette femme.

— Dénoncer ? hurla Betty, outrée. Mais elle nous effraie, Ezra. Tu sais ce que c'est que de vivre dans la même maison que quelqu'un d'étrange, de terrorisant et d'insaisissable ?

— Miss Betty, il me semble qu'en matière d'horreur j'ai eu plus que ma part dans les dernières années, gronda Ezra. Et je reste de ceux qui pensent qu'il faut voir pour croire.

— Mais comment veux-tu le voir ? demanda Abigail.

— Ce soir, nous nous rejoindrons à onze heures et demie à l'entrée de votre jardin. Protégés par les ombres nocturnes, nous suivrons cette maudite femme, sorcière ou fantôme. Qui qu'elle soit, nous découvrirons ses agissements et y mettront un terme si cela semble obligatoire, ajouta-t-il en tirant sur la visière de sa casquette avachie en un geste volontaire.

— Nous ne pourrons peut-être pas sortir aussi facilement qu'hier soir, avança prudemment Betty. Donc…

— Serais-tu en train de changer d'avis, Betty ? questionna Ezra d'un ton ironique. Comptes-tu que j'y aille seul ? Aurais-tu peur ?

— Nous nous débrouillerons, lança Abigail en voyant Betty devenir rouge de colère. Nous sortirons et, à onze heures et demie, nous serons à la porte du jardin. Arrêtez de vous disputer maintenant !

Betty grogna et un léger sourire apparut sur les lèvres d'Ezra tandis qu'il tapotait gentiment l'épaule de la jeune fille. Tout désaccord oublié, ils se laissèrent tomber dans le champ. Pris par la discussion, ils n'avaient même pas pensé à s'asseoir. L'air était frais,

Ezra avait revêtu un gros pull côtelé marron aux peluches abondantes tandis que les filles portaient leurs épaisses robes de laine et de grosses vestes doublées en peau de mouton. L'automne était agréable car la lumière cuivrée du soleil colorait de rouge, d'orange et de brun toute végétation en un incendie permanent, et l'air humide et les nuages gorgés de pluie donnaient au paysage un air calme. Les orages allaient bientôt commencer et les terres seraient noyées pendant plusieurs mois. Les alentours ressembleraient rapidement à des marécages et la rivière en crue n'arrangerait rien. Tout serait humide avant l'arrivée des premières neiges qui, tels des linceuls, endormiraient le monde et le recouvriraient d'une douce écharpe épaisse et glacée.

— Dites-moi, mesdemoiselles, commença Ezra, je pensais que le révérend, votre père et oncle, avait acheté cette esclave pour faire de vous des... femmes. Or, contre toute attente et malgré ses recommandations, je vous vois bien souvent dehors ! Et Tituba semble avoir pris plus d'ascendant que tout autre esclave.

— Papa est si occupé ces temps-ci qu'il ne fait plus guère attention à nos occupations et à notre éducation. Quant à Tituba, va savoir pourquoi, personne ne lui résiste. Elle n'est ni méchante ni scandaleusement gentille, et tout le monde est aux petits soins avec elle. Je ne crois même pas que papa s'en soit rendu compte.

— Quelles autres étrangetés pouvez-vous me raconter sur elle ? demanda-t-il, les yeux brillants.

— Sais-tu qu'oncle Samuel cueille une rose chaque jour pendant la floraison et la met dans un joli vase sur la table du repas ?

— Je l'ignorais.

— Eh bien, l'autre soir, continua Abigail après un regard approbateur de Betty, la belle rose rouge qu'il avait mise dans l'eau dépérissait, ses pétales étaient proches de tomber et sa sécheresse donnait à la pièce une allure morbide. Betty et moi la regardions quand Tituba est passée devant nous. En l'espace de quelques secondes, la rose est redevenue fraîche. Superbe corolle couleur sang à la tige et aux feuilles vert profond, aux épines tranchantes, plus vive que jamais, plus vivante encore ! s'emporta Abigail. Hum, toussa-t-elle, toujours est-il que Tituba ne l'a pas touchée. Elle s'est juste faufilée entre nous et la rose.

— Es-tu bien certaine qu'elle ne l'a pas échangée avec une fleur fraîche ?

— Oh, Ezra, toi et ton incrédulité ! Seul papa touche à cette rose. Il nous est même défendu de changer l'eau du vase ! Tituba ne l'a pas touchée. Elle est passée devant. Et il n'y a pas que ça. Lorsqu'elle lave le linge, tout est sec presque instantanément ; la poussière disparaît à son approche ; et je suis sûre que dans la cuisine la vaisselle se lave seule et que les œufs brisent eux-mêmes leur coquille !

Tous trois pouffèrent de rire devant l'image enchanteresse que Betty venait d'évoquer. Mais tandis qu'Ezra s'intéressait de plus en plus à Tituba, les deux jeunes filles pensaient avec appréhension à leur escapade du soir.

— Ezra, entendirent-ils dans leur dos, Ezra, viens vite ! Nous avons besoin de bras au village. Dépêche-toi, hurla Hank, le patron du jeune garçon.

— Qu'est-ce qui se passe ? demanda celui-ci devant l'air affolé du grand homme robuste aux traits rougeauds et à la tignasse rousse.

Hank était arrivé d'Irlande il y a de nombreuses années. Il avait forcé le respect de tout le village lorsqu'il était arrivé sale, les bras rougis d'un sang qui n'était pas le sien, traînant dans son dos plusieurs cadavres d'orignaux fraîchement abattus. Il avait ouvert sa petite boucherie en allant lui-même chasser les bêtes jusqu'à ce que cela marche assez bien pour qu'il puisse engager du monde. Hank était bon et honnête. Il accordait facilement des crédits et ne s'était encore jamais fait flouer. Ses grosses mains dont les jointures étaient, comme celles d'Ezra, toujours incrustées de sang ressemblaient à des battoirs. Elles faisaient tenir parole aux clients.

— Un incendie ! Un incendie ! cria-t-il au bord de la panique. La boucherie et la maison, tout est en train de brûler. Des hommes ont commencé à jeter de l'eau, mais il ne s'éteint pas. Ezra, ma vie et la tienne tiennent à l'intérieur de cette masure.

Mais Ezra ne le laissa pas finir. Il courait déjà, éperdu, vers le village, se propulsant sur ses jambes musclées, battant l'air de ses bras pour combattre le vent. Il perdit sa casquette en route et Hank, qui le suivait de près, ne la ramassa pas. Abigail et Betty suivirent les deux hommes mais furent vite distancées. Abigail récupéra la coiffe qu'Ezra aimait tant et reprit sa course. Elles arrivèrent au village bien après eux, essoufflées et en sueur. Des flammes gigantesques caressaient le ciel obscurci par les volutes de fumée noire et épaisse. Du brasier s'échappait un horrible son, comme quelqu'un qui criait, mais elles se rendirent vite compte qu'il s'agissait du bruit de la fureur du feu. La bâtisse se consumait inexorablement. Tout autour de la maison s'agitaient des gens – fourmis s'attaquant à un dieu. Ils étaient si petits et, malgré tous les seaux d'eau, l'enfer ne faiblissait pas. Elles aperçurent Ezra, le visage noir de suie, jeter vaillamment des pelletées de terre, mais son action était aussi vaine que celle de Hank et des autres. La chaleur était insupportable et Abigail sentait frémir ses joues sous l'impact du grésillement ardent et des étincelles qui jaillissaient des poutres de bois. Betty était fascinée par les flammes et sur son visage se reflétaient les couleurs de l'embrasement. Des hurlements d'encouragement montaient des rangs, les hommes redoublaient d'efforts et ceux qui tombaient étaient immédiatement mis à l'abri, soignés par les femmes et remplacés par de vaillants héros. Les deux jeunes filles regardaient le spectacle, impuissantes. Un homme s'approcha de trop près du feu et, instantanément, les flammes l'entourèrent, l'enveloppèrent et commencèrent à le dévorer. Il se mit à courir en hurlant et en battant l'air, ne faisant qu'attiser le feu. Il se dirigeait vers Abigail et Betty, boule de feu humaine toute de terreur et d'imprécation.

— Enlève ta veste, murmura Abigail.

Betty ne discuta pas et toutes deux se tinrent prêtes, leurs vestes à bout de bras. Lorsque l'homme passa à leur hauteur, elles se jetèrent dessus, leurs manteaux de mouton servant de bouclier face aux flammes déchaînées. L'homme était fort et grand mais, épuisé par sa course effrénée et par la peur, elles purent le rouler par terre et ainsi étouffer les dernières flammèches qui se nourrissaient du tissu restant de ses vêtements. Les mains et le visage noircis, elles soulevèrent leurs vestes. Des lambeaux de chair noirs et rouges pendaient partout sur le corps du malheureux, des restes de tissu se mélangeaient à la chair à vif et la peau presque inexistante se recroquevillait déjà sous l'assaut infernal qu'elle venait de vivre. Les yeux grands ouverts sans cils ni sourcils, les lèvres brûlées et les pommettes saillant à travers les muscles apparents, l'homme était mort. Un léger tressaillement faisait encore battre ses membres imperceptiblement. Deux mains puissantes s'abattirent sur les filles et les relevèrent rapidement.

— Que faites-vous ici ? gronda le révérend.

Abattues par la mort du pauvre homme duquel s'exhalaient encore quelques fumerolles, elles mirent un temps pour lui répondre.

— Nous étions avec Ezra, papa, commença Betty, lorsque Hank est venu le chercher à cause de l'incendie. Nous les avons suivis pour offrir notre aide. Et ce pauvre malheureux…

Elle ne finit pas sa phrase et éclata en sanglots. Radouci, son père la serra contre lui en lui caressant gentiment le dos. Ces marques d'affection étaient aussi rares que bienfaisantes et Betty en profita.

Des hurlements stridents retentirent derrière eux et le révérend fit volte-face. Abigail reconnut l'inquisiteur Patton accompagné de plusieurs hommes. Déployés en ligne, ils procédaient à une arrestation massive des femmes du village. Le visage inexpressif, les yeux sombres, ils les attrapaient et les regroupaient au centre de la population. Celles qui résistaient étaient saisies par les cheveux et traînées comme de vulgaires sacs sur le sol terreux et poussiéreux. Les hommes qui tentaient de protéger leurs femmes étaient mis à genoux, pistolet sur la tempe. À la terreur du feu s'enchaîna celle des hommes de l'Inquisition. Les gens couraient dans tous les sens et on ne savait pas ce qui les effrayait le plus.

— Papa, qu'est-ce qu'ils font ? demanda Betty, atterrée.

— Rentrez à la maison tout de suite ! Dépêchez-vous ! les pressa le révérend en les poussant derrière lui.

Avant que les filles aient pu lui obéir, un homme cria :

— Parris, vos filles n'échappent pas au contrôle. Après tout, ajouta-t-il, les yeux brillants de méchanceté, ce sont des femmes, n'est-ce pas ? Ne sont-ce pas les termes que vous avez vous-même utilisés ?

— Inquisiteur Patton, ne prenez pas trop de libertés avec moi, vous pourriez le regretter, gronda le révérend. Mes filles n'ont rien à voir avec ce qui vient de se passer. Laissez-les partir. Je vous interdis de les toucher, je vous interdis même de les approcher. Souvenez-vous de notre accord. Nous étions convenus que vous interrogeriez ces pauvres femmes en toute décence, sans violence. Regardez-vous ! Et vous m'aviez aussi assuré que vous ne les enfermeriez pas systématiquement ! Alors ne pensez même pas à vous en prendre à mes filles !

Patton le regarda, un sourire ironique barrant son visage grotesque. Ses yeux étaient noirs, comme si l'iris et la pupille ne faisaient qu'un.

— Attrapez-les ! cria Patton à ses hommes.

Il n'en fallut pas plus à Abigail et Betty pour courir aussi vite qu'elles le pouvaient. Deux hommes les poursuivirent dans les rues sinueuses du village. Elles sentaient battre leur cœur, elles ressentaient le sol dur les propulser en avant. Elles couraient sans parler, sans crier, en regardant droit devant elles, s'accrochant du regard au prochain coin de rue, frappant en rythme, frôlant les parois des maisons, s'écorchant les mains sur les aspérités des murs de pierre. Et ces hommes qui ne faiblissaient pas et qui hurlaient des obscénités dans leur dos, les enjoignant de s'arrêter, proférant les pires menaces. Elles traversèrent le champ qui longeait l'arrière de leur manoir. Abigail faiblissait ; Betty lui attrapa le bras et la tira à ses côtés pour la maintenir à son niveau. Elle s'essoufflait.

— On y est presque, Abi ! vociféra Betty. On y est presque !

La haie impénétrable se profilait un peu plus loin, tout allait se jouer en quelques secondes. Il leur fallait rester invisibles aux yeux des hommes juste un instant. Betty accéléra et traîna Abigail. Elles tournèrent brusquement et disparurent derrière la haie. Betty se jeta sous l'arbre qui cachait le chemin. Elle rampa un instant tout en s'assurant que la pauvre Abigail suivait. Elles s'accroupirent sous le couvert des arbres et reprirent leur souffle. Elles entendirent leurs poursuivants passer plusieurs fois devant leur cachette en hurlant et jurant. Après quelques minutes, ils partirent en se disputant. Abigail et Betty se regardèrent et se mirent à rire nerveusement. Elles ne pouvaient plus s'arrêter et le souffle leur manquait à nouveau.

Le révérend ne rentra pas ce soir-là. Terrées derrière les fenêtres du grand salon, les filles tentaient d'apercevoir ce qui se passait au village. Apparemment, l'incendie n'était toujours pas éteint, des lueurs orangées zébraient le ciel obscur, et de lointains cris affaiblis par la distance leur parvenaient aux oreilles. L'une et l'autre se faisaient du souci pour Ezra, mais elles n'en parlèrent pas. Le souper fut morose. Seules à l'immense table, elles pinaillaient dans leurs assiettes. Et quand Tituba leur dit d'aller se coucher, elles ne se le firent pas répéter. Elles se pelotonnèrent dans le lit d'Abigail et restèrent éveillées, les yeux fixés sur l'horloge. Vingt-deux heures ! Le temps leur semblait si long.

— Merci, chuchota Abigail, brisant le silence.

— Merci pour quoi ?

— Pour m'avoir traînée tout à l'heure. J'ai failli me faire avoir.

— Tu ne pensais quand même pas que j'allais te laisser prendre ? Ces hommes avaient l'air déterminé et toutes les femmes étaient effrayées par eux. À mon avis, il ne fait pas bon tomber entre leurs mains.

Le silence revint.

L'orage éclata vers vingt-trois heures. Betty, qui était plongée dans ses pensées, sursauta brusquement lorsque le premier éclair déchira le ciel ténébreux et que la foudre s'abattit sur le magnolia du jardin. Les étincelles volèrent comme autant d'éclats d'écorce.

Betty hurla, réveillant Abigail qui s'était assoupie. Et une pluie torrentielle se déversa des cieux et s'abattit sur la terre, formant un rideau humide et strié, dissuadant quiconque de le braver. Des rafales de vent formaient des arabesques dans le déluge, les deux éléments se tournaient autour, s'affrontaient en un jeu antédiluvien. La voûte céleste sembla céder sous l'assaut des fulgurances, et pendant un instant seul le chaos eut une prise sur l'univers.

— Oh non ! soupira Abigail. J'aurais tellement voulu voir Ezra ce soir. Au moins pour que nous soyons rassurées !

Betty approuva silencieusement et, pendant quelques minutes, elles restèrent collées à la vitre, observant le ciel menaçant. La pluie semblait vouloir durer et l'heure de leur rendez-vous approchait inexorablement. À vingt-trois heures trente précises, une grêle de graviers vint tambouriner contre la fenêtre. Toutes deux sursautèrent violemment et il fallut que d'autres petits cailloux carillonnent pour qu'elles osent ouvrir la croisée. Se penchant prudemment, elles entendirent une petite voix étouffée par les bourrasques.

— Je suis mouillé comme une soupe ! se plaignit Ezra. Alors envoyez-moi quelque chose pour que je puisse grimper jusqu'à vous.

Étouffant un rire nerveux, Betty lui chuchota tant bien que mal qu'elles n'avaient aucune corde à leur disposition et que leurs draps étaient bien trop fins.

— Le lierre, Ezra ! Le lierre ! s'exclama Abigail.

— Il ne me supportera jamais !

— Oh si ! renchérit Betty. Cela fait des générations qu'il pousse sur les flancs de cette maison. Et… Abigail et moi l'avons déjà utilisé d'ailleurs !

L'expression abasourdie d'Ezra dont les cheveux dégoulinaient de pluie les fit pouffer de plus belle. Haussant les épaules et secouant la tête pour chasser les gouttes d'eau qui lui embrumaient la vue, Ezra s'accrocha à pleines mains aux plantes grimpantes et se hissa prudemment le long du mur. Betty se pencha vers l'extérieur et déclama discrètement :

— *Ô Roméo, Roméo ! Pourquoi es-tu Roméo ?*

Abigail éclata d'un rire strident tandis qu'Ezra se retenait difficilement au lierre et se concentrait sur ses prises. Quand un craquement retentit, tous retinrent leur souffle. Ezra se stabilisa et reprit sa montée tant bien que mal. L'eau ruisselait et ses mains glissaient de plus en plus. Ses vêtements, alourdis par les trombes du ciel, le tiraient vers le bas. Les deux filles se penchèrent plus avant par la fenêtre et agrippèrent chacune Ezra par un bras. Elles tirèrent de toutes leurs forces en soufflant comiquement. Ezra dégringola finalement sur le sol en bois de leur chambre, dégoulinant et hilare. Il se sécha rapidement avec une serviette qu'Abigail lui avait donnée.

— Je crois que notre expédition est tombée à l'eau ! déclara-t-il.

Ils se regardèrent tous les trois et éclatèrent d'un rire nerveux et étouffé. Finalement, Betty retourna à la fenêtre pour observer le paysage. Ezra et Abigail la rejoignirent.

Peu avant minuit, un bruissement se fit entendre devant la porte de la chambre des filles. Elles exhortèrent Ezra à se cacher sous le lit et à faire silence. Mais le froissement continua son chemin et Betty et Abigail se regardèrent. Tituba était de sortie. Betty se pencha et tira Ezra de sous le lit. Par gestes, elle lui fit comprendre que le grand moment était arrivé. Les amis se faufilèrent par la porte et, silencieusement, suivirent la grande ombre de Tituba.

— On va être trempés, chuchota Abigail.

— Ce n'est pas grave ! lui répondit Betty, un doigt sur les lèvres pour lui intimer le silence.

— Mais Cathy saura que nous sommes sorties pendant la nuit.

Ezra lui plaqua une main sur la bouche et ils se baissèrent tous ensemble. En bas de l'escalier, l'ombre s'était immobilisée et, du peu qu'ils pouvaient en distinguer dans le noir complet, elle semblait s'être retournée. Betty pouvait presque sentir le regard ardent de la servante barbadienne sur son crâne. Lorsqu'ils entendirent le craquement du plancher sous les pas de Tituba, ils se relevèrent et descendirent à leur tour, prudemment. Au moment où ils passèrent la porte d'entrée, Tituba était déjà loin sur le chemin. Ils s'aventurèrent à sa suite et mirent quelques instants à se rendre compte que la pluie ne tombait plus. Elle s'était arrêtée instantanément. Ils s'attendaient presque à voir les gouttes figées dans l'espace et le temps.

— Tu crois que… commença Ezra.

— Ça ne peut être qu'elle ! le coupa Betty.

— Où va-t-elle ?

— Elle se dirige vers la forêt de Belwack, annonça Abigail. Exactement comme l'autre nuit !

— Alors suivons-la ! s'exclama Ezra. Hardis compagnons, sus à la sorcière !

— Ezra, souffla Betty, exaspérée, parle un peu moins fort. En plus, on ne part pas à l'aventure. Personnellement, je ne suis pas rassurée. Et on ne sait pas si Tituba est une sorcière.

— Ah non ? lâcha Ezra, plein d'ironie. Alors comment appelles-tu quelqu'un qui arrête la pluie ?

Et il s'élança à la poursuite de Tituba, suivi de près par Abigail. Stupéfiée, Betty leur emboîta le pas quelques secondes plus tard. Il faisait un noir de suie et la terre spongieuse s'enfonçait sous leurs pas et collait à leurs semelles dans un atroce bruit de succion. Les chevilles nues malgré leur caleçon de flanelle, les jeunes filles sentaient poindre sur leur peau l'humidité ambiante des gouttes de pluie qui parsemaient le champ. Pas un bruit ne retentissait dans les horizons, nul animal nocturne ne s'était aventuré au sein de ces ténèbres. Un léger vent vrombissait dans les branches lointaines et le chuintement qui en résultait était si macabre qu'il semblait aux trois jeunes qu'un corps se balançait au bout d'une potence. La silhouette de Tituba disparaissait puis réapparaissait plus loin. Elle semblait entourée de nuages noirs, d'épaisses volutes de fumée qui l'enlaçaient, la camouflaient puis s'éloignaient d'elle au moindre souffle. À l'approche de la forêt de Belwack, Ezra, Betty et Abigail frissonnèrent de concert. Les hauts arbres noirs n'avaient plus rien de rassurant, les belles couleurs mordorées de la journée avaient laissé place à une ambiance sinistre. Les branches les plus longues, celles qui surplombaient la sylve, s'agitaient comme d'immenses bras crochus aux intentions malveillantes. Ezra n'en menait pas large non plus, mais face aux deux filles, il se devait de paraître rassuré, voire méprisant, devant ces peurs féminines. Cela ne l'empêchait pourtant pas de trembler. Ils marchaient en silence, regardant tout autour d'eux sans reconnaître le paysage. Arrivés devant l'orée de la forêt de Belwack, cette bouche obscure, ce gouffre qui paraissait infini, ils s'arrêtèrent. Abigail et Betty s'étaient accrochées l'une à l'autre.

— Ce serait idiot de rebrousser chemin maintenant, n'est-ce pas ? demanda Abigail d'une voix mal assurée.

Ils approuvèrent et, Ezra ouvrant la marche, tous trois pénétrèrent dans la forêt. Il ne leur fut pas difficile de suivre la trace de Tituba. Ses pas s'étaient imprimés dans le sol fangeux et la lune, qui venait de se lever, se reflétait dans les petites flaques qu'avaient creusées ses pieds. Cette piste argentée n'avait rien de naturel, mais ils la suivirent quand même car elle les mènerait à Tituba. Et même s'ils ignoraient à quoi s'attendre, cela les rassurait. Les deux filles fermaient la marche et Betty avançait à reculons, guidée par Abigail, pour vérifier que rien d'étrange n'allait bloquer le chemin du retour car elle comptait bien retrouver son lit dès que le mystère Tituba aurait été éclairci.

Ils débouchèrent dans une clairière et se cachèrent immédiatement derrière un épais tronc d'arbre. Tituba était là, seule, assise à même le sol, près d'un grand feu de bois en plein centre de la trouée. Ils ne la voyaient que de dos et Ezra se déplaça le plus silencieusement possible pour voir son visage. Il se figea lorsqu'une brindille morte craqua sous son poids. Mais Tituba sembla ne pas l'entendre. L'apercevant désormais de profil, il tressaillit. Tituba avait les yeux grands ouverts mais le blanc livide qu'il voyait n'avait rien d'humain. Ni pupille ni iris dans les orbites de l'esclave. Ses paupières ne clignaient pas et Ezra ne pouvait détacher son regard de cette vision cadavérique. Tituba ne semblait plus vivante et, sans ses larges mains calleuses qui tremblaient, le jeune homme aurait juré qu'elle était morte. Il se retourna brusquement lorsqu'il entendit une des deux filles pousser un cri étouffé et se pressa de les rejoindre. Il les découvrit, la main plaquée sur la bouche, les yeux fixés sur quelque chose qu'il ne distinguait pas encore. S'approchant doucement, il sursauta devant le spectacle qui s'offrait à ses yeux. Des dizaines de bêtes blessées avançaient vers la clairière: ours, castors, cerfs, renards, musaraignes, rats, oiseaux... Toute la faune de la forêt s'était donné rendez-vous dans cette percée. Ils ne firent pas attention aux intrus et allèrent se presser autour de Tituba tandis que celle-ci, les yeux toujours sans vie, se penchait et chuchotait des mots confus, insaisissables pour les amis. Bouche bée, les trois jeunes contemplèrent le spectacle sans y croire. Des bêtes venaient et repartaient aussi tranquillement que s'il se fût agi d'un événement longuement attendu. Et Tituba restait immobile. Abigail tirait sur les bras de ses compagnons pour les forcer à partir, mais ceux-ci résistaient, obnubilés par la scène. Quand elle y parvint enfin, ils entendirent juste un mot sortir de la bouche de Tituba, un mot qu'elle avait dit un peu plus fort que les autres, un mot qu'ils ne comprirent pas car il ne faisait pas partie de leur langue mais qui leur fit froid dans le dos..

9

Après s'être séparées d'Ezra en promettant de ne rien dire à personne de l'étrange scène dont ils avaient été témoins, Abigail et Betty avaient prié pour ne pas tomber malades pendant la nuit. Car malgré l'absence de pluie, l'humidité avaient gonflé leurs habits et leurs cheveux. Elles s'endormirent donc, emmitouflées dans d'épaisses couvertures avec, aux pieds, de grosses chaussettes de laine. Et lorsque Cathy vint les réveiller, elles furent heureuses de constater qu'elles n'avaient même pas attrapé un petit rhume.

En rentrant de la forêt, ils avaient à peine parlé de Tituba. Ils ne savaient, en fait, pas quoi en dire. Ezra trancha pour tout le monde :

— Tituba a effectivement quelque pouvoir mystérieux, mais il ne semble pas qu'elle fasse du mal autour d'elle. Vous avez vu comme moi tous ces animaux. Ils venaient d'eux-mêmes. Cela n'avait rien à voir avec les sabbats dont on entend parler, avec sacrifices et autres joyeusetés ! Nous devrions la laisser tranquille et n'en parler à personne.

— Cela me convient, déclara Abigail. Betty ?

— J'aimerais lui en parler à elle…

— Eh bien, faites-le dès demain ! proposa Ezra.

— Nous partons demain matin pour Boston, lui rappela Abigail.

— Ce n'est pas grave alors ! Vous lui en toucherez un mot à votre retour. Cela nous permettra d'y réfléchir. Je vous laisse, je dois rentrer. Si Hank s'aperçoit que je ne suis pas dans mon lit, il va me mettre une raclée ! dit-il tout sourire.

Hank était connu pour son attitude débonnaire et sa farouche obstination à vouloir régler les problèmes autrement que par la violence.

— Amusez-vous bien à Boston et n'oubliez pas de venir me voir dès votre retour. À moins que vous ne reveniez aussi bêtes qu'Ann Putnam ! ajouta-t-il en leur faisant un clin d'œil.

Et après un dernier signe de la main, il partit en courant en direction du village.

— Ezra ! cria Abigail.

Celui-ci se retourna, surpris.

— Où dormez-vous, toi et Hank ?

— Dans l'église pour cette nuit et, dès demain, nous reconstruirons !

Il s'enfuit à toutes jambes et les jeunes filles remontèrent discrètement dans leur chambre.

Elles avaient caché leurs robes humides sous leur matelas pour que Cathy ne les voie pas en entrant. Et même si les dentelles dépassaient, la femme de chambre n'y fit pas attention.

— Allez, debout ! Debout ! claironna-t-elle. Les Saltonsall ne devraient plus tarder. Préparez-vous vite !

— À t'entendre, Cathy, bougonna Betty, tu sembles contente de nous voir partir.

— Oh, mais non ! Où allez-vous chercher ces idées, miss Betty ? Vous allez beaucoup me manquer, mais vous ne serez pas absentes si longtemps ! Allez, allez, répéta-t-elle en poussant les deux filles en dehors de la chambre. Je dois finir vos bagages ! Courez prendre votre petit-déjeuner !

— N'oublie pas mes chaussures jaunes, Cathy, lui rappela Abigail.

— Ne vous inquiétez pas !

Elles descendirent rapidement et avalèrent goulûment leur repas. Puis, impatientes, elles se postèrent devant la fenêtre qui donnait sur la petite route et guettèrent l'arrivée de leurs bienfaiteurs. Elles attendirent longtemps et l'ennui commençait à les gagner lorsqu'Abigail aperçut au loin un nuage de poussière.

— Les voilà ! Les voilà ! hurla-t-elle, excitée. Betty, ils arrivent !

Toutes deux coururent à la grande porte et se précipitèrent à l'entrée de la maison pour accueillir les Saltonsall. Elles trépignaient, regardant approcher ce qui semblait être un splendide carrosse tiré par quatre puissants chevaux noirs et lustrés. Un cocher les dirigeait et elles entrevirent le visage de Beth Saltonsall qui, penchée à la fenêtre, les cheveux fouettés par le vent, leur faisait de grands signes de la main. Betty et Abigail lui répondirent avec enthousiasme, émerveillées par la voiture. Tout y était beau, si beau ! Les grandes roues épaisses et dorées qui soutenaient la caisse semblaient invincibles et offraient des promesses de voyages. Et les grandes barres incurvées qui les reliaient étaient noires avec des gravures dorées. La caisse elle-même, bien que spartiate, était le produit d'un travail méticuleux. Chaque côté bénéficiait de trois vitres assorties de rideaux blancs, et l'or recouvrait tout. Sobre mais d'allure riche ! Les deux jeunes filles se précipitèrent pour entrapercevoir l'intérieur mais les époux Saltonsall, riant, les entraînèrent à leur suite.

— Ne vous inquiétez pas ! Vous le verrez bien assez tôt !

Ils entrèrent tous dans la maison et Samuel Parris les invita à se rafraîchir dans le salon.

— Seriez-vous intéressés par cette eau-de-vie que j'ai ramenée il y a fort longtemps d'Europe ? demanda le révérend, charmeur. La dernière fois que j'y ai goûtée, c'était pour la naissance de ma fille !

— Mon Dieu, Samuel, cela doit être un véritable nectar ! s'exclama Nathaniel. Eh bien soit ! J'en prendrai volontiers un verre.

— Beth ?

— Un verre d'eau me suffira, cher Samuel.

Le révérend fit un geste de la main à Tituba qui disparut dans la cuisine et revint presque aussitôt avec les verres et les bouteilles. Ils sirotèrent en silence puis Beth se tourna vers les deux enfants.

— Êtes-vous prêtes, mesdemoiselles, à découvrir la ville ?

— Oh oui, Mrs. Saltonsall. Pour être prêtes, nous le sommes. Nos bagages sont bouclés depuis bien des jours ! déclara Betty.

Tous éclatèrent de rire.

— Alors, il ne serait pas aimable de vous faire attendre plus longtemps, qu'en pensez-vous, Nathaniel ? demanda sa femme.

— Vous avez raison, ma chère. Allons, mes enfants, dites au revoir à votre père et grimpez dans la voiture. Des millions de choses à découvrir vous attendent !

Abigail et Betty trépignèrent tandis que les époux Saltonsall écoutaient les recommandations de Samuel Parris. Beth Saltonsall coupa court à la conversation en éclatant d'un rire cristallin.

— Voyons, Samuel, que faites-vous des trois filles et des deux garçons que nous avons élevés ? Mon Dieu, l'éducation n'a plus de secret pour nous et encore moins les besoins de jeunes filles de leur âge. Allons, soyez sans crainte, mon ami ! Nous nous occuperons d'elles parfaitement ! Si bien, en fait, qu'elles ne voudront plus nous quitter !

Le révérend rit avec elle. Après avoir embrassé et fait des recommandations à ses filles, il les laissa partir.

Celles-ci montèrent prudemment dans le carrosse qui s'était penché quelque peu lorsqu'elles avaient mis le pied sur la marche. Elles s'émerveillèrent devant l'intérieur. Deux banquettes de velours rouge profond se faisaient face et l'espace entre les deux leur permettrait à tous de prendre leurs aises. Les banquettes étaient larges et moelleuses et de gros coussins avaient été placés de bout en bout. Elles pourraient ainsi s'allonger et s'assoupir. Toutes deux s'installèrent sur le même siège tandis que les époux Saltonsall prenaient place en face d'elles. Betty se pencha par la fenêtre pour faire de grands signes à son père et Abigail s'empressa de l'imiter. Le révérend Parris resta sur le pas de sa porte jusqu'à ce qu'il ne distingue plus que le nuage de poussière qui camouflait la voiture. Il ne s'était encore jamais séparé d'elles avant mais, dans le contexte ambiant, ça ne pouvait être qu'une bonne chose. Il avait beaucoup d'affaires à régler.

— Oh, sir Nathaniel ! s'exclama Abigail. Parlez-nous de Boston ! Qu'allons-nous y découvrir ? Y a-t-il réellement des théâtres, des spectacles de rue et des femmes aux robes si belles qu'on les croirait échappées d'un conte ? Et qu'en est-il de la littérature ? Est-elle très présente ? Est-elle accessible ? Y a-t-il une grande bibliothèque ?

— Et les parcs, Mrs. Beth, renchérit Betty, sont-ils nombreux ? Sont-ils beaux ? Et quels monuments sont à voir ?

— Holà, mes enfants ! Doucement ! Avant tout ça, connaissez-vous l'histoire de Boston ? demanda Nathaniel Saltonsall.

— Eh bien non, accorda Abigail. Oncle Samuel ne nous en a jamais parlé et notre ami Ezra, qui vient de cette ville, ne nous a raconté que des histoires qui lui sont arrivées. J'avoue que je ne connais rien de ses origines !

— Alors laissez-moi vous en parler un peu. L'histoire de Boston est étroitement liée à celle des Indiens algonquins qui peuplaient ces terres. Vous avez déjà entendu parler des Indiens, n'est-ce pas ?

— Oh oui, sir Saltonsall, assura Betty. Papa nous a raconté des histoires qui nous ont fait atrocement peur. Les Indiens sont des monstres sanguinaires qui dévorent le cœur de leur ennemi et sacrifient leurs enfants en offrande aux dieux.

— Hum ! Il semble que votre père ne soit plus aussi bien renseigné sur les peuples qu'avant. Mais qu'à cela ne tienne ! Les Algonquins occupaient les terres de Boston bien avant les Blancs. Ils vivaient de pêche, de chasse, d'agriculture et de la traite des fourrures. Ils appelèrent Shawmet la péninsule sur laquelle la ville de Boston sera construite. Mais en 1630, les colons arrivèrent et chassèrent les Algonquins de leur terre. C'est le père John Winthrop, originaire de Salem, ajouta-t-il en leur faisant un clin d'œil, qui fondera une ville de puritains qui sera baptisée comme leur lieu d'origine, dans le nord-est de l'Angleterre. Avant ce baptême, les premiers colons anglais l'avaient nommée Trimoutaine car trois collines entourent la ville. Et voilà où nous en sommes aujourd'hui. Bien que la ville ne soit peuplée que par les descendants des premiers colons, l'économie se développe et le commerce maritime avec l'Angleterre et les Antilles prend de l'ampleur.

Devant cette leçon d'histoire, Betty piquait du nez tandis qu'Abigail buvait les paroles du censeur.

— Boston est une ville passionnante, vous savez, renchérit Beth. Plusieurs cultures s'y sont mêlées et cela donne un charme puissant à ce lieu. Mais nous vous laisserons découvrir tout ça par vous-mêmes. Maintenant, reposez-vous car le voyage sera encore long. Nous ne serons pas à Boston avant le début d'après-midi.

Les deux filles obéirent de bon cœur. Elles s'allongèrent chacune la tête sur un oreiller et s'endormirent tout de suite.

Le freinage brusque du carrosse les réveilla en sursaut, et elles furent immédiatement assaillies par de nombreux bruits et odeurs étrangers. Chacune se précipita à la fenêtre pour découvrir les alentours. Les routes étaient pavées de gros rochers d'une forme rectangulaire grossière et les carrosses brinquebalaient à grande allure dessus. Les maisons n'étaient pas plus hautes ni plus grandes qu'à Salem, mais elles semblaient beaucoup moins rurales. Des hommes en complets et des femmes en belles toilettes arpentaient les larges trottoirs. Le bruit était partout et les cris des marchands de rue n'arrangeaient rien. On vendait à la criée des fruits, des légumes et des poules, et on proposait même des fourrures. Des odeurs de nourriture, principalement de friture, s'évadaient dans les airs et les assaillaient. Elles se rendirent compte qu'elles étaient affamées. Les Saltonsall habitaient un manoir imposant au cœur même de Boston, mais sitôt les portes franchies, elles constatèrent que le brouhaha incessant de la ville et les sons extérieurs rebondissaient contre la façade. L'ambiance était douce ; de moelleux tapis recouvraient les sols et assourdissaient les pas. Pareil à celui des Parris, le manoir Saltonsall disposait d'un grand escalier en bois menant aux étages. Mais celui de Nathaniel et de Beth, outre le fait qu'il était fraîchement ciré, se scindait en milieu d'étage. L'immense lustre qui trônait au-dessus des marches encourageait cette vision féerique. Tous allèrent se sustenter rapidement dans la grande salle à manger où s'étalait une splendide collection de mappemondes ; celles-ci étaient de toutes les tailles, de toutes sortes, vieilles ou récentes, en bois, en papier ou en fer.

— Incroyable ! s'exclama Betty. Elles sont magnifiques.

— Nathaniel est un grand amateur de ces cartes du monde. Et j'avoue que je les trouve moi aussi à mon goût.

— J'ai commencé à les collectionner alors que j'avais votre âge, mesdemoiselles, déclara Nathaniel.

— Alors je suppose que le reste de votre éventail se trouve ailleurs dans la maison.

— Vous avez deviné, miss Abigail. Il n'y en a ici qu'une toute petite partie. En fait, je possède près de quatre cents de ces merveilles.

— Incroyable ! répéta Betty.

— Mais nous reviendrons à ces vieilleries après vous avoir fait découvert la ville. Prenez vos chapeaux, nous sortons dans le grand monde.

Les époux Saltonsall entraînèrent Betty et Abigail dans le dédale des rues bostoniennes, s'arrêtant à chaque boutique, à chaque magasin. Les jeunes filles découvrirent des toilettes splendides et des chaussures ravissantes. Beth s'amusa de les voir toucher les étoffes, caresser les tissus et se mirer avec les différentes robes. Le révérend ne leur avait laissé que quelques pièces pour leur voyage et elles étaient bien insuffisantes pour se procurer de telles merveilles. Beth Saltonsall leur acheta donc à chacune une belle robe, un chapeau et des chaussures. Toutes deux protestèrent.

— Allons, allons, mes enfants ! Cela me fait tellement plaisir ! Il y a si longtemps que je ne fais plus de cadeaux à mes enfants. Ils les refusent car ils peuvent se les payer, me disent-ils. Et je suis si heureuse de vous avoir avec nous.

Face à de si sincères arguments, Betty et Abigail acceptèrent chaleureusement les présents. Une robe de Boston ! Ann Putnam allait en baver d'admiration.

— Ce soir, nous vous emmènerons au théâtre. Cela vous plairait-il ? Connaissez-vous le théâtre ?

— Nous n'y sommes jamais allées, sir Saltonsall. Par contre papa nous a enseigné Shakespeare et, ces derniers temps, il nous lisait un de ces auteurs français, un jeune dramaturge... Oh ! je ne parviens pas à me rappeler son nom.

— Molière, Betty, lui rappela Abigail.

— Oh ! Voilà une culture théâtrale impressionnante pour votre âge ! Malheureusement, ce que nous verrons ce soir ne sera ni du Molière ni du Shakespeare, mais une vulgaire comédie d'un jeune auteur inconnu. Ce qui ne l'empêchera pas d'être fort divertissante.

De luxueux habits et une pièce de théâtre. Décidément, la vie était magique ici.

Se promenant tous les quatre dans les rues, et tandis que les époux Saltonsall leur parlaient de telle ou telle demeure, de tel monument, les deux jeunes filles eurent le regard attiré par une devanture de magasin particulièrement colorée. Elles s'en approchèrent et une délicieuse odeur de sucre et de noix de coco se fraya un chemin jusqu'à leurs narines. Une confiserie ! Dans la vitrine du magasin se déployaient des ribambelles de pommes luisantes de sucre et de drôles de petites formes blanches qui semblaient dures et craquantes.

— Qu'est-ce que c'est ? demanda Abigail à Beth. Ces choses blanches ? Et ces jolis bâtons colorés ?

— On appelle cela des dragées, ma chérie. Et ces petits bâtons sont des sucres d'orge. Voudriez-vous en goûter ?

— Oh oui, avec plaisir !

Elles ressortirent du magasin avec un petit sac de ces douceurs. Circonspecte, Abigail lécha prudemment la confiserie et, le sucre battant sur ses papilles, elle l'engloutit et la laissa fondre avec plaisir. Betty en était déjà à sa troisième sucrerie.

— Comment est-ce fait, Mrs. Saltonsall ? demanda Abigail.

— Ce sont des amandes, mon enfant. Et d'après ce que je sais, elles sont enrobées d'une couche de miel puis d'une autre de sucre. C'est ce qui leur donne un aussi bon goût, expliqua-t-elle avant d'en manger une avec gourmandise.

Betty goûtait déjà son sucre d'orge et elle le téta pendant un bon moment. C'était la première fois que sa cousine et elle goûtaient à des confiseries. Betty se souvenait vaguement d'avoir mangé du chocolat une fois, mais c'était il y a si longtemps qu'elle ne se rappelait plus du goût. Mais ça ! C'était une pure merveille ! Ils s'enfoncèrent dans un dédale de petites rues où à chaque coin se tenait un spectacle. Magiciens, jongleurs, musiciens… et même un dresseur d'ours. Betty et Abigail s'attardèrent devant chacun d'entre eux et applaudirent chaque tour. Ces hommes et ces femmes en guenilles respiraient la joie de vivre et leur bonne humeur était communicative. Un cracheur de feu les surprit et l'homme qui jonglait avec des sabres, au beau visage buriné par la vie de bohème, fit rougir Abigail lorsqu'il lui fit un clin d'œil. Un grand tissu enturbannait ses cheveux mais ceux-ci dépassaient quand même et s'échappaient en longues mèches sauvages. Il attrapa cinq balles dont le tissu laissait se répandre les grains qu'il contenait. Elles étaient usées par l'entraînement et les rudes chutes sur le sol pierreux. Comme si elles n'avaient rien pesé, comme s'il était né avec ses balles au bout des mains, il jongla en la regardant et n'en fit pas tomber une seule. Conquise, Abigail lui sourit timidement mais dut suivre sa cousine et leurs hôtes qui continuaient leur visite. « Quel bel homme ! » pensa-t-elle.

Ils se rendirent ensuite à la Grande Bibliothèque de Boston où Abigail s'en donna à cœur joie. Les rayonnages montaient jusqu'au plafond et des échelles en facilitaient l'accès. Il y avait même un chemin, une sorte de balustrade, qui en faisait le tour à mi-hauteur. Tout était en fine boiserie et l'intérieur resplendissait d'œuvres anciennes et ouvragées. Abigail sillonnait les allées en passant sa main sur la tranche de tous ces livres, comme si elle avait pu tous les lire juste par le toucher. Il y en avait tant qu'elle ne parvenait pas à se fixer. Elle retrouva Betty qui attendait devant une porte, le nez en l'air pour en lire l'inscription. *Ésotérisme et sorcellerie* lut-elle. Betty tourna la poignée pour entrer, mais la porte ne s'ouvrit pas.

— Mesdemoiselles ! Mesdemoiselles ! cria-t-on dans leur dos. Vous ne pouvez entrer dans cette pièce. Elle est réservée aux érudits. Savez-vous ce qu'elle contient ? Non ? Vous n'y trouverez que cauchemars et hérésie. Des livres sombres, des livres noirs, certains hurlent la nuit et d'autres vous ensorcellent dès que vous les ouvrez. On raconte même qu'un de ces livres fait disparaître celui qui l'ouvre. Vous ne pouvez imaginer toutes les horreurs qui peuplent cet endroit. Même moi, il me donne la chair de poule. Et je n'y entre que par obligation.

Le conservateur semblait véritablement troublé par cette pièce et même Abigail frissonna en entendant tout ce qu'elle contenait.

— Mais, sir…

— Johnson, miss. Conservateur Johnson, pour vous servir.

— Sir Johnson… commença Betty. J'aimerais beaucoup trouver des renseignements sur la sorcellerie. Particulièrement sur celle originaire des îles alentour, comme… la Barbade.

— Sottises ! Il n'y a aucune sorcière sur l'île de la Barbade. Certes, leurs pratiques et coutumes sont un peu étranges, mais voilà des gens bien inoffensifs.

— Et si je vous disais que notre servante barbadienne parle aux animaux, conservateur Johnson ? Nous l'avons vue de nos propres yeux.

— Je vous répondrais, miss, qu'il est fort vilain de mentir lorsque l'on est une gentille et sage personne comme vous me semblez l'être.

— Mais, sir…

— Que se passe-t-il ? demanda Beth, inquiète devant l'air renfrogné de Betty. J'espère que vous n'importunez pas le conservateur Johnson, mes enfants.

— Ces petites sont à vous, Mrs. Saltonsall ?

— Non. Elles viennent de Salem et nous les avons invitées chez nous pour leur faire visiter Boston.

— Salem ? questionna le vieil homme, étonné. Salem, répéta-t-il, le regard fixé sur les deux jeunes filles. C'est là que tout va commencer, murmura-t-il, les yeux vagues, l'air ailleurs.

— Pardon, conservateur ? demanda Beth. Je n'ai pas entendu ce que vous avez dit.

— Excusez-moi, Mrs. Saltonsall, j'étais perdu dans mes pensées.

Tous deux continuèrent leur banale discussion tandis que Betty et Abigail se regardaient.

— Tu as entendu ?

— Oui. De quoi parlait-il à ton avis ? demanda Abigail.

— De Tituba, bien sûr.

10

La visite à la bibliothèque avait légèrement obscurci le moral des jeunes filles et elles n'avaient plus très envie d'aller au théâtre. Elles s'y rendirent pourtant pour ne pas décevoir les Saltonsall qui les avaient si gentiment accueillies et pour ne pas le regretter plus tard. Mais elles ne furent pas très attentives à la pièce. Les Saltonsall avaient une loge privée au Théâtre de Boston. Elle n'était certes pas grande, mais elle bénéficiait d'une vue remarquable sur la scène. Abigail et Betty insistèrent pour se placer derrière Beth et Nathaniel, prétextant qu'elles verraient encore mieux puisqu'elles seraient en hauteur. Elles chuchotèrent pendant tout le spectacle, ne faisant que peu attention à la pièce. Si elle avait été plus attentive, Abigail aurait sans doute remarqué le jeune jongleur de l'après-midi la fixer du balcon à leur droite. Il avait troqué ses habits mités d'itinérant contre un costume gris raffiné. Ses cheveux étaient désormais démêlés et soigneusement retenus en un élégant catogan. Il ne quittait pas des yeux cette jeune fille qui chuchotait intensément à sa voisine.

— Nous devons retourner voir ce conservateur, déclara Betty.

— Mais comment ? Les Saltonsall ne nous laisseront jamais sortir seules.

— Nous allons nous débrouiller. Je veux savoir ce qu'il a voulu dire.

À la sortie du théâtre, Abigail, un peu en retrait, poussa un cri d'effroi. Betty l'entendit et se retourna pour voir ce qui s'était passé. Un jeune homme en costume gris était agenouillé devant sa cousine. Les époux Saltonsall n'avaient rien remarqué.

— Depuis que je vous ai vue tout à l'heure, je n'ai pu m'empêcher de penser à vous. J'aimerais vous cueillir toutes les fleurs du monde et les répandre à vos pieds ; j'aimerais vous combler de tout ce qui vous ferait plaisir ; j'aimerais ne plus jamais détourner mes yeux de votre beauté, déclama-t-il.

— Mais qui êtes-vous ? lui demanda Abigail, apeurée. Nous sommes-nous déjà rencontrés ?

— Bien entendu, miss ! Je suis ce jongleur que vous avez regardé !

— Vous ? Mais où sont passées vos frusques ?

— Je les ai troquées contre ce costume. Et tout l'argent que j'économisais depuis si longtemps est passé dans une place pour cette pièce. Car je savais que vous y seriez.

— Mon Dieu, monsieur, je suis flattée de votre audace. Malheureusement, je ne peux prétendre que je ressens pour vous ce que vous éprouvez pour moi.

— Mais vous m'avez souri !

— J'aimais beaucoup votre numéro et je ne vous cache pas que vous êtes agréable à regarder. Mais voyez-vous, je ne suis pas d'ici et je suis encore jeune. Je suis donc navrée, mais n'espérez rien de moi.

Et elle partit rapidement vers Betty qui avait regardé l'étrange scène.

— Que voulait-il ? demanda-t-elle.

— Eh bien… m'épouser, je crois.

Betty la regarda avec de grands yeux. Abigail éclata d'un rire nerveux et sa cousine s'empressa de suivre son exemple. Le jeune homme les vit partir bras dessus, bras dessous, riant sans doute de lui. Furieux, il retourna vers les jongleurs qui l'attendaient plus bas.

— Alors, Anton ? Cette belle t'a résisté ? Dans cette splendide tenue ? rigola un homme gros et rougeaud. Et te voilà obligé de faire le spectacle habillé de la sorte ! Mon pauvre, ce n'est vraiment pas ton jour !

Tous rirent en chœur. Anton décocha un coup de poing à l'homme qui venait de parler, même s'il était plus grand et plus large que lui. L'adversaire tomba à terre ; du sang ruisselait de son nez.

Le lendemain, Betty n'avait pas oublié qu'Abigail et elle devaient retourner à la bibliothèque.

— Sir Saltonsall… commença Betty. Voilà, Abi et moi aimerions nous promener seules cet après-midi. Seriez-vous d'accord pour nous laisser nous balader ?

— Voyons, Betty, se scandalisa Beth. Il n'en est pas question. Que dirait votre père ?

— Il n'est pas obligé de le savoir, tenta Abigail.

— Mesdemoiselles, j'avais pourtant cru prendre avec nous deux gentilles jeunes filles bien éduquées. Or, cette requête n'a rien de sage, voyez-vous ! Nous allons rester à la maison et nous sortirons tous ensemble cet après-midi. Et il n'y a pas de mais !

Betty bougonna, mais les époux Saltonsall restèrent de marbre.

— Il faut que nous sortions seules, chuchota Betty.

— Oui, je sais, mais tu les as entendus. Ils ne veulent pas et tu ne les as pas mis de très bonne humeur.

— Je VEUX sortir.

Abigail fit signe à Betty de se taire car Nathaniel venait de se retourner et dardait son regard sur la jeune fille. Ses iris avaient une étrange couleur terne, ils étaient comme voilés. Il la regarda attentivement et déclara :

— Beth et moi avons eu une idée.

— Laquelle, sir Saltonsall ? demanda poliment Abigail.

— Vous n'êtes plus des enfants désormais, alors pourquoi n'iriez-vous pas vous promener seules en ville aujourd'hui ? Vous vous amuserez bien plus qu'avec de vieilles personnes comme nous.

Les deux filles étaient ébahies.

— Sir, vous venez de dire à Betty qu'il n'en était pas question.

— Ah oui ? demanda-t-il, l'air sincèrement surpris. Je ne m'en souviens pas. Quoi qu'il en soit, nous vous laissons votre liberté cet après-midi.

Betty ne comprenait pas ce qui venait de se passer. Nathaniel ne semblait pas être lui-même. Son regard était vague, ainsi que celui de Beth qui n'avait pas prononcé un mot. Abigail interrogea sa cousine du regard qui lui répondit par un haussement d'épaules. Elles prirent leur chapeau et sortirent avant que leurs hôtes ne changent d'avis.

— Qu'est-ce que tu leur as fait ? demanda Abigail. Pourquoi ont-ils changé d'avis comme ça ?

— Comment ça, qu'est-ce que je leur ai fait ? Tu penses que c'est moi ?

— Je ne sais pas, Betty. Mais au moment où tu as dit : « Je veux sortir », sir Saltonsall s'est retourné pour nous dire qu'il était d'accord pour nous laisser seules. Il venait de nous dire le contraire quelques secondes avant !

— Eh bien, je ne sais pas. Peut-être a-t-il changé d'avis, tout simplement. Peut-être a-t-il eu peur que nous nous plaignions à papa. De toute façon, il n'a pas pu entendre ce que j'ai dit, je parlais bien trop doucement.

— C'est bien ça que je ne comprends pas. Et tu as vu leurs yeux ?

— Voilà ! Leurs yeux ! Tu as raison, Abi !

— Je ne vois pas ce que tu veux dire.

— Leurs yeux étaient voilés de fatigue. Ils nous ont donc donné leur permission pour être tranquilles et pouvoir se reposer.

Abigail était sceptique, mais elle consentit à accepter cette explication. Après tout, elles étaient libres et la journée était superbe. Elles se promenèrent en riant comme des enfants. Les carrosses roulaient à vive allure dans les rues, les gens étaient nombreux et le bruit de la vie des rues retentissait à leurs oreilles. Malgré les odeurs de crottin qui s'exhalaient du sol, le chèvrefeuille et la lavande embaumaient encore l'air. Elles se dirigèrent vers la Grande Bibliothèque, bien décidées à mettre la main sur le conservateur Johnson. Les gens se retournaient sur leur passage. Il n'était pas courant de voir deux jeunes filles se promener seules. Mais dans cette ville, on apprenait bien vite à se mêler de ses affaires, c'est pourquoi personne ne les arrêta. Elles pénétrèrent dans la grande bâtisse et traversèrent le large couloir marbré encadré de hautes colonnades blanches. Le conservateur Johnson était en train de parler avec un vieil homme qui avait tout d'un érudit. Sa table de travail regorgeait de livres ouverts et de notes débordantes. Une longue barbiche blanche tombait en pointe de son menton et ses épaisses lunettes donnaient à ses yeux l'air ahuri d'un hibou.

— Conservateur Johnson, l'interpella Betty sans attendre qu'il ait fini de parler, conservateur Johnson, nous voulons vous parler.

— Mais qui êtes-vous, mesdemoiselles ? Et si vous le permettez, j'étais en pleine discussion avec ce monsieur.

— Nous nous sommes rencontrés hier devant la salle de sorcellerie.

— Oh, oh, les demoiselles de Salem. Excusez-moi, Everard, je reviens dans quelques instants, dit-il en s'approchant des deux filles. Que puis-je pour vous, miss… ?

— Parris.

— Miss Parris, à quoi dois-je l'honneur de vous revoir ?

— Vous avez dit quelque chose hier que nous aimerions que vous nous expliquiez.

— Oh, vous savez, je dis tellement de choses. Et je ne suis plus tout jeune. Aussi auriez-vous l'amabilité de me rappeler quelle était cette phrase qui semble vous avoir tinté à l'oreille.

— Quand Mrs. Saltonsall vous a dit que nous venions de Salem, vous nous avez regardées et avez dit : « C'est là que tout va commencer. » Qu'est-ce que cela signifiait ? Qu'est-ce qui va commencer ?

— Je ne vois pas à quoi vous faites allusion. Je me souviens d'avoir parlé à Mrs. Saltonsall et je me rappelle aussi qu'elle m'a parlé de Salem. Mais il ne me semble pas avoir dit cela. N'auriez-vous pas rêvé, miss Parris ?

— Ne vous moquez pas de moi, conservateur Johnson. Ma cousine et moi, nous vous avons entendu.

— Où sont les Saltonsall ? demanda le conservateur, brusquement.

— Ils nous ont laissées sortir seules, lui répondit Abigail.

— Je ne pense pas que ce soit une bonne chose. Je leur en parlerai. Quant à vous, faites-moi le plaisir de partir maintenant. Je ne sais pas de quoi vous parlez et j'ai du travail.

Furieuses d'être congédiées de la sorte, Abigail et Betty quittèrent la bibliothèque en fulminant contre le vieil homme. Celui-ci les regarda partir, visiblement soulagé. De derrière les hauts murs de livres sortit un jeune homme qui s'approcha du conservateur en quête d'un renseignement.

— Excusez-moi, sir Johnson, mais pouvez-vous me dire ce que voulaient ces filles ? J'ai cru entendre parler de sorcellerie.

— Mais enfin, monsieur, ce ne sont pas vos affaires. Ne vous a-t-on jamais appris qu'il est malvenu d'écouter les conversations d'autrui ?

— Je suis navré, sir Johnson, je ne voulais pas vous paraître importun. Mais voyez-vous, ces demoiselles m'intéressent grandement. Je suis… je suis un jeune metteur en scène et elles seraient parfaites dans mon spectacle.

Tout en parlant, le jeune homme entraîna le conservateur vers une salle close, le bras sur son épaule, et referma la porte derrière eux.

— Dites-moi, d'où viennent-elles ? Je vous ai entendu le dire plusieurs fois, mais je n'ai pas saisi le nom.

— Écoutez, monsieur, je vous trouve fort peu à propos et je vous prie de me laisser sortir.

Avec d'acerbes lueurs dans les yeux, le jeune homme fixa le conservateur. Sa main jaillit et enserra la gorge du vieil homme. Celui-ci, surpris, se débattit mais la poigne de fer lui comprimait la trachée comme un étau. Les doigts puissants s'enfonçaient dans sa chair et nul doute qu'ils y laisseraient leur empreinte. Il suffoquait, ses yeux se révulsaient et sa langue sortait enflée de sa bouche à la recherche d'un peu d'air. Elle battait comiquement, se teintant progressivement de violet, et lapait l'oxygène qui ne l'atteignait plus. L'agresseur, indifférent à la souffrance de sa victime, regardait ailleurs. Lorsque le vieil homme expira, son corps devint si lourd que le jeune homme le laissa tomber à terre comme un chiffon et sortit calmement de la salle puis de la bibliothèque. Arrivé dans la rue, quelqu'un le héla.

— Anton !

Betty et Abigail ne reparlèrent pas de l'épisode de la bibliothèque. D'ailleurs, Betty était bien trop énervée pour qu'Abigail veuille aborder le sujet. Celle-ci était restée silencieuse depuis leur départ précipité et suivait Betty qui s'enfonçait dans la ville sans regarder où elle allait. Elles passèrent sans s'en rendre compte devant les deux écoles religieuses de la ville : la Boston Latin School et Harvard. Abigail essayait de trouver des repères pour revenir sur leurs pas, mais Betty avançait trop vite.

— Attends, Betty ! Nous ne savons même pas où nous allons.

Betty ne répondit pas. Au bout de quelques instants, elles se retrouvèrent devant un grand parc bordé d'une barrière blanche assez haute pour dissuader tout chenapan de l'escalader. Le portail était ouvert et surplombé d'une arche en fer forgé annonçant la bienvenue au Boston Common, le plus grand parc de la ville. Elles y pénétrèrent, heureuses de retrouver arbres et verdure. De l'herbe à perte de vue, des magnolias dont les fleurs avaient subsisté jusque-là embellissaient le parc. Leurs longues corolles rose pâle s'étalaient en une écharpe doucereuse, s'enroulant autour des branches fines et virevoltantes de l'arbre. De petits chemins en sable sinuaient dans le parc et on y voyait des couples avec des enfants qui couraient partout; d'autres se promenaient à cheval, l'air guindé, le dos raidi, ne semblant pas profiter de ce que la nature leur offrait. Il y avait de très légères buttes rondes et douces, accueillantes et rafraîchissantes. Leurs dos arrondis promettaient un lieu de repos l'été et une descente enneigée l'hiver. Les cousines se promenèrent au hasard des chemins mais n'osèrent pas toucher aux arbres qui semblaient être si bien entretenus qu'ils ne ressemblaient en rien à leur forêt. Les petits étangs aménagés n'avaient rien de naturel, mais il régnait dans ces lieux une atmosphère féerique. Elles arrivèrent devant un splendide arbre aux feuilles luxuriantes et aux branches désordonnées. Une plaque ornait son large tronc rugueux. On pouvait y lire: *À la mémoire de Mary Dyer, morte d'avoir voulu choisir. Pendue à cet arbre le 1er juin 1660, jour infâme dans nos mémoires.*

— Qui était cette Mary Dyer? demanda Betty, sortant enfin de son mutisme.

— Oncle Samuel nous en a parlé, je crois. Elle faisait partie d'une communauté religieuse appelée la Société Religieuse des Amis. Je crois me souvenir qu'il s'agissait d'une alternative au christianisme. À cause de leur croyance, les membres de cette société étaient passibles de mort et cette femme, lorsqu'elle a été emprisonnée, a refusé de se repentir. Ils l'ont donc pendue.

— Quelle horreur ! s'exclama Betty.

Elles restèrent un instant à contempler la plaque. Toutes deux élevées dans la religion chrétienne, vivant sous le toit d'un révérend, elles avaient lu la Bible, allaient à la messe, priaient et se confessaient régulièrement. Mais elles n'arrivaient pas à comprendre que l'on ait tué cette femme pour l'unique raison qu'elle n'avait pas trouvé son salut dans le christianisme. Abigail s'éloigna et Betty la suivit. Un rayon de soleil frappa la plaque commémorative et un petit symbole refléta la lumière. Mais les deux jeunes filles étaient déjà trop loin pour voir le pentacle qui s'était illuminé.

Elles se retrouvèrent dans les bas-fonds de Boston. Effrayées par l'environnement crasseux dans lequel elles débarquèrent, elles regardèrent derrière elles l'escalier humide qu'elles avaient descendu sans s'en rendre compte. Ce n'était peut-être qu'un effet de leur imagination, mais il leur sembla voir de légères volutes d'une brume poisseuse s'échapper du sol. Abigail voulut retourner d'où elles venaient, mais deux hommes descendaient déjà à leur rencontre. Elle paniqua et entraîna Betty à sa suite dans les rues sales du quartier. L'odeur était répugnante et prenait à la gorge. Elles s'efforcèrent de retenir leur respiration le plus possible mais durent bientôt se faire à l'idée qu'il leur fallait rester vivantes pour sortir de là. Des tavernes crasseuses succédaient à de glauques boutiques aux fenêtres murées. Les gens n'avaient pas l'air plus méchants ici, mais l'ambiance leur prêtait un visage si peu amical qu'elles étaient effrayées par ces personnes voûtées, édentées et nauséabondes qui les frôlaient comme des ombres. Elles se tenaient l'une à l'autre et avançaient prudemment en regardant de tous les côtés. Tous les regards étaient fixés sur elles, leurs tenues étaient inappropriées à ces lieux et leur attitude altière détonnait avec l'indigence du quartier. Un pont en pierre se dessina devant elles dont des flaques d'eau croupie marquaient toute la traversée. Des couinements ne laissaient aucun doute quant à la présence de rats et, lorsque de l'eau gicla sur le pied de Betty, celle-ci hurla de frayeur. Elles traversèrent le pont en courant presque, jetant régulièrement des coups d'œil derrière elles pour s'assurer que personne ne les suivait. Il leur semblait que l'issue du pont reculait inexorablement et elles couraient maintenant le plus vite possible pour sortir de cet enfer. Une silhouette se détacha brusquement des murs de pierre, comme sortie directement des parois. Les filles sursautèrent et se collèrent de l'autre côté pour éviter l'ombre. Mais celle-ci se déplaça aussi, si bien que toutes trois se retrouvèrent face à face. Elle avait le visage noir, cela venait aussi bien de ses origines que de la crasse qui maculait son corps. Ses traits grossiers accentuaient les profondes rides qui marquaient son visage. Quelques cheveux épars se tenaient vaille que vaille sur son crâne où des plaques de couleurs disparates se détachaient en lambeaux de peau morte. Des haillons recouvraient son corps rachitique et ses pieds nus étaient si sales qu'on n'en distinguait plus les ongles. Mais ses yeux… ils contrastaient terriblement avec son corps. Légèrement effilés, aux longs cils recourbés, ils étaient d'un vert d'eau aveuglant. Ils ne semblaient pas appartenir au corps.

— Que voulez-vous ? demanda Betty.

La femme ne répondit pas, mais ses yeux se révulsèrent et elle pointa un doigt vers leur direction. Abigail, qui avait peur que quelqu'un ne surgisse brusquement derrière, se retourna pour vérifier. Mais la vieille femme les fixait, elle et sa cousine. Et elle semblait effrayée par ce qu'elle voyait. Elle ouvrit une bouche édentée d'où s'échappait une haleine putride et bégaya quelques mots avant qu'elles n'entendent :

— Sorcières ! Sorcières !

Abigail et Betty la contournèrent précipitamment et s'enfuirent à toutes jambes vers la lumière. Elles trouvèrent un escalier qu'elles gravirent sans reprendre leur souffle et débouchèrent, échevelées et terrorisées, dans une petite rue commerçante proprette et lumineuse. Certains passants les regardèrent avec suspicion mais elles se reprirent bien vite et se mêlèrent habilement à la foule.

— Mais qu'est-ce que ça veut dire tout ça ? Tituba ! Le conservateur ! Et maintenant cette vieille folle qui m'a flanqué une peur de tous les diables ! vitupéra Betty, exorcisant par ses cris la frayeur qu'elle avait ressentie.

— Je ne sais pas. Mais ce qui est sûr, c'est que je ne remettrai jamais les pieds dans cet endroit. C'est à glacer les sangs !

— Tout revient toujours à la sorcellerie, n'as-tu pas remarqué ? demanda Betty.

— Peut-être est-ce seulement parce que nous sommes obnubilées par Tituba que nous croyons que tout le monde parle de magie.

— Ne me dis pas que tu n'as pas entendu comme moi cette femme nous traiter de sorcières. Je n'ai pas inventé ça !

— Non, j'ai très bien entendu. Mais qui nous dit que, dans un autre contexte, il ne nous serait pas arrivé la même chose ? Nous ne pouvons pas savoir !

Betty n'était qu'à moitié satisfaite de cette explication. Elles décidèrent de rentrer chez les Saltonsall. Elles s'arrêtèrent néanmoins devant un jeune magicien qui faisait apparaître et disparaître des foulards de toutes les couleurs. Attirées par la foule qui l'entourait, elles se mêlèrent aux badauds et s'extasièrent. Le jeune homme virevoltait entre ses foulards qui semblaient liés à lui. Ils disparaissaient dans ses mains, dans ses oreilles et dans sa bouche pour mieux revenir en fleur, en nœud ou même en petits animaux. Lorsqu'il fit sortir de sa manche un petit chat bleu ciel sculpté dans le foulard, Betty poussa un petit cri de ravissement et désigna l'animal pour qu'Abigail le voie. À cet instant, le foulard prit feu et la manche du jeune homme avec. Il lâcha précipitamment le bout de tissu et battit l'air pour éteindre les flammes. Un seau d'eau fut jeté sur lui et il n'y eut aucun blessé. Mais le jeune magicien regardait ses mains comme si elles avaient pu être la cause de l'accident. Personne n'avait remarqué les deux jeunes filles qui s'éloignaient en courant. Elles coururent jusqu'à la maison des Saltonsall. Arrivées devant, Betty se retourna vers Abigail et lui dit :

— Nous allons demander à nos hôtes de nous ramener dès demain à Salem. Je veux des explications, je ne comprends plus ce qui nous arrive. Nous devons parler à Tituba.

— Et qu'allons-nous dire à Mr. et Mrs. Saltonsall ? Ils vont sûrement demander une explication !

— Nous leur dirons que papa nous manque et que, même si nous aimons beaucoup Boston, nous préférons la campagne. Ils comprendront, j'en suis sûre !

11

Les Saltonsall n'avaient pas vraiment posé de questions. Ils étaient juste déçus car ils pensaient que les filles n'avaient pas apprécié leur visite. Elles eurent beau démentir et jurer qu'elles l'avaient adorée, qu'ils les avaient très bien accueillies et qu'elles reviendraient volontiers, rien n'y fit. Ils parlèrent peu pendant le trajet de retour et ne s'attardèrent pas chez leur ami lorsqu'ils déposèrent les filles. Samuel Parris était par ailleurs si heureux de retrouver ses filles après ces deux jours de séparation qu'il ne pensa même pas à les questionner sur leur retour précipité. Ils n'eurent malheureusement pas le temps de se parler beaucoup car le révérend devait retourner au village pour régler de « malencontreuses erreurs ». Abigail et Betty n'essayèrent pas de lui demander de quelles erreurs il s'agissait car elles savaient pertinemment qu'elles n'obtiendraient aucune réponse. Elles comptaient sur les grandes oreilles et les yeux curieux d'Ezra pour tout leur raconter. Cependant, le révérend coupa court à leur projet dès qu'il redescendit de ses quartiers. Il appela Tituba, qui jaillit inopinément du salon, et il lui recommanda de donner quelques leçons de cuisine aux filles.

— Il ne faut pas que la ville vous ait fait perdre vos habitudes ! dit-il aux jeunes en pensant les faire rire.

Devant l'absence de réponse et l'air renfrogné que Betty venait de prendre, il soupira et sortit rapidement.

Tituba n'avait pas encore prononcé un mot et elle regardait les deux filles avec bienveillance. Elle mit à chacune un de ses bras sur leurs épaules et les guida doucement jusqu'à la cuisine.

— Que diriez-vous d'apprendre à cuisiner un ragoût de sanglier ? demanda-t-elle de sa voix caverneuse.

— Nous avons beaucoup de choses à vous raconter, Tituba. Oui, beaucoup de choses, répéta Betty.

— Eh bien, nous en parlerons pendant que nous préparerons le repas.

Elles se lavèrent les mains et Tituba sortit du garde-manger un sanglier dépecé. Abigail recula de dégoût et Betty fronça le nez.

— Allons, mesdemoiselles, les morigéna Tituba, n'avez-vous donc jamais vu un animal mort ?

— Mort ? Non, Tituba, répondit Betty. Par contre, nous avons vu un homme mort, comme vous le savez sans doute. Et il me semble que nous avons aussi entraperçu quelques ours, des castors, des cerfs, plusieurs renards, sans compter des musaraignes et des rats.

— Je ne vois là rien d'anormal puisque nous vivons en pleine campagne, déclara tranquillement la servante.

— C'est exact ! J'étais juste surprise de les voir tous en même temps à cette heure tardive.

Tituba releva les yeux de son travail et fixa Betty. Celle-ci soutint son regard effrontément. Puis Tituba continua à découper le sanglier comme s'il ne s'était rien passé. Betty et Abigail attendirent en vain que Tituba dise quelque chose.

— Nous devons nous parler, déclara Abigail.

— Et de quoi voulez-vous parler, miss Parris ?

— De toutes ces choses qui se sont passées depuis que vous êtes là.

— Je ne vois pas à quoi vous faites allusion.

— Avant notre départ de Boston, Abigail, Ezra et moi, nous vous avons suivie dans la forêt de Belwack. La nuit d'avant, nous vous avions entendue sortir de la maison à minuit et, au vu des événements qui se passaient dans le village, Ezra nous a convaincues de vous suivre.

Tituba ne disait toujours rien et Betty s'énervait de son indifférence.

— Que faisiez-vous avec tous ces animaux ? Et toutes ces choses qui arrivent en votre présence, les repas qui se préparent seuls, le linge qui sèche, les bougies qui se soufflent... Vous êtes toujours dans la maison et nous nous sommes même rendues dans votre chambre. On ne vous y a pas trouvée.

— Et ce n'est pas tout. À Boston, une vieille femme nous a montrées du doigt en nous traitant de sorcières, ajouta Abigail.

Tituba avait posé son couteau et un léger sourire était apparu sur ses lèvres. Mais elle n'avait toujours pas parlé ou réagi à ce que les filles venaient de lui dire. Elle éclata brusquement d'un grand rire qui fit sursauter Betty et Abigail. Tituba riait, la bouche grande ouverte, le son d'une cataracte s'échappant de sa gorge épaisse. Elle semblait ne jamais pouvoir s'arrêter. Ses deux grosses mains s'accrochaient au plan de travail, ses jointures étaient pâles ; pourtant, Tituba était plantée dans le sol comme un arbre profondément enraciné.

— Pourquoi riez-vous de la sorte ? s'énerva Betty. Vous ne nous croyez pas, c'est ça ? Si vous voulez, nous irons chercher Ezra pour qu'il vous confirme ce dont nous avons été témoins dans la forêt. Nous ne mentons pas, Tituba. Nous vous avons bel et bien vue, les yeux révulsés et blancs comme le lait.

Les yeux larmoyants mais le regard brûlant, Tituba reprit son calme.

— Ne vous énervez donc pas comme ça, miss Parris. Comme vous êtes soupe au lait ! Je vous crois, bien évidemment.

Betty et Abigail se regardèrent, incrédules. Tituba avait repris le découpage de la bête, mais des hoquets faisaient encore tressauter son énorme poitrine.

— Alors, dites-nous quelque chose ! Expliquez-nous ! s'emporta encore Betty.

— Je cherche par où commencer…

Elles attendirent impatiemment que Tituba commence à raconter son histoire.

— Je vous ai déjà parlé de mon île et de quelques légendes qui en proviennent, n'est-ce pas ?

Elles approuvèrent.

— Mais je ne vous ai jamais raconté l'histoire de la Barbade. Je pense qu'il faut commencer par là, dit-elle en se raclant la gorge. Les premiers peuples de la Barbade étaient des êtres agressifs qui dévoraient leurs prisonniers. Notre île s'est donc forgée dans le sang versé qui a imbibé la terre. Chez les anciens de mon peuple, on raconte que c'est de là que viennent les racines du mal et de la sorcellerie, bien que les deux ne soient pas liés. Mais j'y reviendrai plus tard. Notre île s'est longtemps appelée Os Barbados à cause des nombreuses racines de figuiers qui parsèment la terre. C'est sans doute le plus bel endroit sur terre, bien que je ne sois pas très objective. Et dans nos croyances, il y a le vaudou, une coutume ancestrale. Peut-être en avez-vous déjà entendu parler ? Chaque village a son sage vaudou qui est l'autorité du peuple avec son chef. Il soigne les malades, apaise les esprits, communique avec eux. Les guerriers ne partent jamais à la guerre sans avoir l'accord du sorcier. La sorcellerie est aussi une façon de lutter contre la présence des Blancs. Ils ont peur de nous et de nos pratiques barbares, comme ils disent. Les Blancs ont une soif inextinguible de pouvoir mais sont plus apeurés que des nouveau-nés.

— Quel rapport cela a-t-il avec ce qui se passe ici ? demanda Betty sans relever les provocations de Tituba.

— J'ai été élevée dans le respect de nos coutumes et c'est grâce à ma mère, Abena, que j'ai appris tout ce que je devais savoir en matière de sorcellerie. J'ai été confiée à une femme sage et forte, une vieille femme que tout le monde respectait. Elle s'appelait Man Yaya et elle m'a enseigné la guérison par les plantes et la communication avec les morts. Elle m'a ainsi permis de dire au revoir à ma mère.

— Comment est morte votre maman? demanda Abigail.

— C'est une autre histoire que je vous raconterai plus tard, lui répondit Tituba, les yeux soudain sombres, le visage barré d'un rictus terrifiant. Man Yaya m'a protégée et élevée, et lorsque j'ai eu l'âge, je suis partie seule. Je me suis construit une case dans la forêt à l'écart de toute habitation. Man Yaya m'avait dit que la puissance ne peut se développer qu'à l'écart de la foule. J'ai appris seule mais les Blancs sont venus dans mon pays et ils m'ont emmenée de force. Et me voilà aujourd'hui!

— Que pouvez-vous faire? demandèrent les deux filles, tout excitées.

— Je vous l'ai dit. Je communique avec les morts, je soigne les gens et les animaux. Et le reste vous le savez. Ce sont les petits avantages de la vie de sorcière, les corvées sont beaucoup moins ennuyeuses. Il est inutile de vous dire qu'il s'agit d'un secret et que personne ne doit le savoir. Ni le révérend ni votre ami Ezra. Voyez-vous, je ne fais pas de mal autour de moi mais le monde a peur de ce qui ne lui ressemble pas.

— Mais Tituba, est-ce vous qui déclenchez tous ces accidents au village? Ces pauvresses qui sont interrogées par l'Inquisition! Ne pourriez-vous pas faire quelque chose?

— Mon enfant, je ne suis pas responsable de tout ça. Il y a sans doute de mes compatriotes en ces lieux que je n'ai pas encore vus.

Betty parut rassurée. Mais Abigail, qui avait bien observé la servante pendant qu'elle discourait, eut soudain la très forte impression que Tituba leur mentait éhontément. Avant qu'elle n'ait pu dire quoi que ce soit, Betty posa à l'imposante servante noire une question qui lui fit dresser les cheveux sur la tête.

— Tu n'es pas un peu folle, Betty ? Mais qu'est-ce qui te prend ?

Mais Betty l'ignora superbement et réitéra sa question.

— Alors Tituba ! Pouvez-vous nous apprendre ce que vous savez ?

Tituba la regardait comme si elle avait attendu ça depuis longtemps. Ces yeux brillaient d'une lueur avide et sa langue épaisse et ronde vint pourlécher ses lèvres avec l'air affamé d'un prédateur guettant sa proie. Betty ne semblait pas s'en rendre compte et elle soutenait sans ciller le puissant regard de la servante. La tension était palpable entre les deux et Abigail se demanda si Tituba n'était pas en train de faire subir un sort à Betty. Elle toucha le bras nu de sa cousine et retira sa main avec un petit cri. Sa peau était glacée et anormalement… dure. On aurait dit du bois.

— Qu'est-ce que vous lui faites ? hurla-t-elle à Tituba. Arrêtez tout de suite !

— Je n'y suis pour rien, répondit-elle d'une voix si sombre qu'elle semblait sortie du plus profond de l'enfer. Il semblerait qu'elle ait découvert ça toute seule.

Une sueur froide coula le long de l'échine d'Abigail. Celle-ci se rendit compte qu'une légère pellicule de cette même sueur parsemait le corps de Betty. Elle luisait sous les premières lueurs du zénith. L'affrontement parut durer des heures à Abigail, le temps semblait s'être figé au-dessus de leurs têtes et elle pouvait presque voir le lien ténu et magique qui reliait Tituba et Betty. Mais la vie reprit son cours lorsque sa cousine s'effondra comme une poupée de chiffon à ses pieds. Elle se précipita et la prit dans ses bras. La sueur avait collé sur son front plusieurs mèches de cheveux et Abigail sentait sur ses bras la moiteur de Betty. Cette dernière avait les yeux clos mais ses lèvres bougeaient faiblement. Abigail se pencha pour écouter.

— Je veux qu'elle nous apprenne tout ce qu'elle sait.

Abigail fixa Tituba, furibonde. Celle-ci avait un sourire indécent aux lèvres et regardait la malheureuse jeune fille d'un air triomphal. Ses yeux lançaient des poignards et Abigail se demandait si elle ne devait pas pousser Tituba pour qu'elle arrête de fixer Betty comme ça. Mais pour cela, il aurait fallu qu'elle lâche sa cousine et elle ne s'y résolvait pas. Le corps de Betty était mou et flasque et dès lors qu'elle bougeait un peu sa tête vacillait dans tous les sens, dépourvue de maintien.

— Pourquoi est-elle dans cet état ? demanda Abigail, d'une voix qui menaçait de flancher.

— Votre cousine a fait preuve d'un peu trop de zèle quant à ses pouvoirs…

— Ses pouvoirs ? De quoi parlez-vous ? Elle n'a pas de pouvoirs !

— Il semblerait que si. Oh, de très faibles pouvoirs, assurément. Je ne crois même pas qu'elle serait capable de refaire ce qu'elle a fait.

— Pourquoi ne se réveille-t-elle pas ?

— Elle est épuisée, miss Parris ! la tança Tituba, méprisante.

Elle se pencha brusquement et arracha Betty des bras d'Abigail. Celle-ci n'eut même pas le courage de résister. Tituba partit à grandes enjambées et Abigail la suivit. Elle déposa Betty dans son lit sans plus de précautions que s'il s'était agi d'un sac et sortit de la chambre aussi brusquement qu'elle y était entrée.

Abigail resta au chevet de Betty toute la journée. Celle-ci délirait puis se rendormait. La fatigue psychique qui résultait de son terrible affrontement avec Tituba l'avait laissée sans force physique et mentale. Tituba revint dans l'après-midi, une étrange boisson noire à la main. Elle se pencha sur Betty, passa sa grosse main derrière la nuque de la jeune fille pour lui relever la tête et coinça le verre entre ses lèvres. Abigail se rua sur le bras épais de la servante, mais celle-ci ne tressaillit même pas.

— Qu'est-ce que vous lui donnez ? Arrêtez ! Vous allez l'empoisonner ! Arrêtez, je vous en supplie ! pleurnicha Abigail. Laissez-la tranquille ! Vous ne croyez pas que vous lui avez fait assez de mal comme ça ?

Mais Tituba ne se donna même pas la peine de lui répondre et elle força Betty à boire jusqu'à la dernière goutte l'infâme mixture qui charriait une odeur de charogne. La pauvre Betty s'étouffait et le liquide noirâtre dégoulinait sur ses joues et dans son cou, mais Tituba, la maintenant fermement, ne la laissa retomber sur son oreiller que lorsque le verre fut vide.

— Nettoyez-la tout de suite ou les traces ne partiront jamais.

Et elle ressortit sans accorder le moindre regard à Betty qui crachait et à Abigail qui pleurait à genoux sur le plancher. Cette dernière prit un linge propre et versa l'eau du broc dans une cuvette. Elle essora le linge, essuya ses larmes et lava tendrement les coulées noires qui souillaient la peau d'albâtre de Betty. Lorsque sa toilette fut terminée, Betty ouvrit les yeux et demanda d'une voix pâteuse :

— De l'eau…

Abigail s'empressa de lui en apporter et la fit boire. Betty soupira et essaya de s'asseoir sur son lit, repoussant les bras salvateurs de sa cousine. Elle y parvint au prix de rudes efforts et se laissa tomber, adossée à ses oreillers. Betty était encore très pâle, mais elle semblait avoir repris des forces. Apparemment, la mixture de Tituba l'avait ramenée à la vie.

— Qu'est-ce que tu as fait ? demanda une fois de plus Abigail qui semblait ne plus avoir que cette question à la bouche.

— Je ne sais pas, lui répondit Betty. Je me suis sentie… ailleurs lorsque j'ai regardé Tituba. Et je ne savais plus si la sensation provenait de mon corps ou si Tituba en était responsable. Son regard était si ardent, j'avais l'impression qu'il pénétrait mes chairs.

— Quand je t'ai touchée, tu avais... tu étais comme... un cadavre. Froide et dure. C'était terrifiant !

— Qu'a dit Tituba ?

— Que tu avais fais trop de zèle avec tes... pouvoirs.

Le visage de Betty s'éclaircit fugacement. Dans ses yeux brillait une illumination, comme si elle l'avait toujours su.

— Il faut que je lui parle ! s'écria Betty.

— À qui ? demanda bêtement Abigail.

— À Tituba ! répondit sa cousine, exaspérée. Nous devons la convaincre de nous enseigner sa magie. Ce serait tellement agréable !

— Je ne suis pas sûre que ce serait « agréable », comme tu dis. Tu ne t'es pas vue. Tu étais dans une sorte de transe et c'était effrayant car tu ne réagissais plus, tu semblais... vide. Oui, c'est ça, vide !

— Mais Abi, réfléchis ! Si Tituba nous apprend ce qu'elle sait, notre existence sera beaucoup plus facile !

— Je ne vois pas ce qu'elle a de difficile, déclara Abigail, butée.

— Eh bien, tout d'abord, négocia Betty en lui faisant un clin d'œil, nous n'aurons plus ces stupides corvées à faire à longueur de journée et... ajouta-t-elle en faisant durer l'attente, cela nous permettra de jouer dehors beaucoup plus souvent sans que papa le sache. Ainsi, tu pourras voir Ezra autant que tu le souhaites.

Abigail rougit aux paroles de Betty, ses pommettes se colorèrent joliment, mais elle ne put s'empêcher de penser aux journées entières qu'elles passaient auparavant en compagnie d'Ezra. Elle réfléchit intensément, pesant le pour et le contre, mais l'état second de Betty étant déjà loin dans ses pensées, elle ne voyait plus que le bon côté des choses.

— Encore faut-il que Tituba le veuille... dit-elle d'une toute petite voix.

Betty cria de joie et, toutes ses forces retrouvées, elle sauta sur Abigail et la serra à lui briser les côtes.

— Tituba ! hurla-t-elle, Tituba !

Abigail se joignit à ses cris, heureuse et insouciante. La servante arriva tranquillement dans la chambre. Sans dire un mot à propos du rétablissement de Betty, elle leur dit :

— On croirait entendre deux cochons qu'on égorge. Que voulez-vous ?

— Nous aimerions devenir comme vous. Pourriez-vous nous apprendre tout ce que vous savez ?

— Non.

Après cette réponse tranchante et expéditive, Tituba se dirigea vers la porte.

— Mais attendez ! Pourquoi refusez-vous ? Vous vous doutiez bien que dès que vous nous parleriez de vos pouvoirs nous vous supplierions d'avoir les mêmes.

Vous avez dit que j'avais des pouvoirs. Que sont-ils? À quoi me serviront-ils? D'où viennent-ils? Vous ne pouvez nous laisser dans l'ignorance!

— Il ne s'agit pas d'un caprice, miss Parris, non plus que d'un amusement. La magie est une entité qui fait partie de notre monde depuis des millénaires et nous lui devons un respect sans faille.

— Nous vous promettons de vous obéir en tous points et que jamais, jamais, nous ne vous décevrons.

— Vous êtes trop faibles pour subir un ensorcellement. Ce n'est pas un jeu! Il s'agit d'un rituel long, intense, difficile et irréversible. Vous m'entendez? Aucun retour ne sera possible.

— Est-ce que ça veut dire oui? demanda Betty tout sourire.

— Non.

— Oh, Tituba! Nous avons l'âge de décider!

— Vous rendez-vous compte que des femmes sont arrêtées et torturées dehors alors qu'elles n'ont pas le moindre pouvoir? Et vous, petites reines que vous êtes, vous voulez vous amuser!

— Mais Tituba, vos pouvoirs servent aussi à aider, n'est-ce pas? C'est bien cela que vous faites la nuit dans la forêt! Tous ces animaux blessés, ils viennent vous voir pour que vous les soigniez. Pourquoi ne pourrions-nous pas les aider nous aussi?

Tituba regarda Abigail sans savoir quoi dire. Abigail, elle, dévisageait aussi la servante sans savoir quoi penser. Tour à tour, Tituba était douce puis brutale et sans cœur, attentive et méprisante, bonne et terrifiante. La jeune fille ne savait plus sur quel pied danser. Mais le souvenir d'Ezra se rappela à elle et elle décida de convaincre Tituba.

— J'aimerais connaître les secrets des plantes, vous savez. Comment les utiliser, lesquelles soignent, lesquelles apaisent, en infusion ou en cataplasme. Ma maman s'y connaissait un peu. Oh ! elle n'avait rien d'une sorcière, c'est juste qu'elle venait d'une famille de paysans. Mais malheureusement, elle n'a pas eu le temps de m'apprendre. J'aimerais que vous le fassiez. Ce serait un hommage, vous voyez ?

La servante resta silencieuse. Betty regardait sa cousine, épatée par sa prestation. Bien entendu, tout était vrai mais Abigail n'était pas le genre à s'épancher devant les gens, encore moins à se servir de ses émotions pour parvenir à ses fins. Des deux, Betty était la plus manipulatrice. Elle devait être très amoureuse d'Ezra.

— Très bien, flancha Tituba. Vous m'accompagnerez ce soir. Mais attention, gronda-t-elle en pointant un doigt menaçant vers les deux filles, personne ne doit le savoir, je vous le répète. Que je ne vous prenne pas à glisser un mot de tout cela à qui que ce soit. N'oubliez pas, je connais des sorts qui vous feront disparaître la langue ou sceller les lèvres. Et je ne vous parle pas de ceux qui sont douloureux !

Elle sortit de la chambre d'un pas précipité. Les deux filles se regardèrent, mi-satisfaites, mi-terrifiées. Les paroles de Tituba étaient sans doute des menaces en l'air, mais elles se promirent néanmoins de n'en parler à quiconque. Elles trépignaient déjà d'impatience alors que le soleil entamait juste sa lente descente au bout de la terre. Le temps sembla s'étirer davantage.

12

Les deux filles ne savaient plus quoi faire pour patienter. Elles avaient rangé elles-mêmes leurs valises, ce qui avait fort surpris Cathy. Abigail avait essayé de lire ; elle n'avait toujours pas terminé *Le Paradis perdu* de Milton. Mais les mots se mélangeaient. Lorsqu'elle essaya de se concentrer, elle se rendit compte qu'elle lisait la même page depuis le début. Elle tenta de lire à voix haute pour en faire profiter Betty mais, là aussi, ses pensées s'évadèrent rapidement et elle perdit le fil. De toute façon, Betty n'écoutait pas du tout. Elle triturait ses cheveux, accoudée à la fenêtre, le regard perdu dans le vague. En fait, depuis que Tituba avait accepté de les emmener le soir même, elle n'avait pas quitté Belwack des yeux, comme si regarder la forêt aurait pu lui faire découvrir ce qui allait leur arriver.

Elles n'échangèrent pas un mot avec le révérend au repas du soir et celui-ci ne s'en formalisa pas. Elles étaient sans doute encore fâchées après lui, elles se rendraient bien vite compte qu'il ne faisait cela que pour leur bien. En fait, Abigail et Betty ne parlaient pas ni ne se regardaient de peur de trahir leur excitation. Il leur semblait que tout le monde pouvait remarquer que quelque chose allait définitivement changer dans leur vie. Et il était inutile de compter sur la compréhension du révérend. Un homme de Dieu ne pouvait rien comprendre aux multiples possibilités qu'offrait la magie.

Elles s'échappèrent dès lors que Tituba eut ramassé leurs assiettes. Après un rapide bonsoir à Samuel Parris, elles retournèrent s'enfermer et tourner en rond dans leurs chambres. Lorsque Cathy vint leur dire de se coucher, elle fut estomaquée de les voir encore habillées. Décidément, ces deux-là n'en faisaient qu'à leur tête !

— Faites-moi le plaisir de mettre vos robes de nuit tout de suite, mesdemoiselles ! Allons, il est bientôt dix heures et vous n'êtes pas encore prêtes ! Et demain matin, quand je viendrai vous réveiller, vous vous plaindrez d'être fatiguées.

Elles grognèrent toutes les deux contre Cathy qui devenait de plus en plus rabat-joie.

— Fais donc attention, Cathy, tu risques de devenir vieille bien plus tôt que tu ne le penses !

— Oh ! s'exclama la pauvre Cathy, offusquée. Mais où allez-vous donc trouver autant d'insolence ? Je ne veux pas me faire l'avocat du diable, mais si vous ne cessez pas tout de suite de me tourmenter, je serai obligée d'en parler au révérend Parris. Et croyez-moi, ça ne nous fera pas plaisir, ni à vous ni à moi.

— Qu'est-ce que tu es soupe au lait, Cathy ! s'exclama Abigail. Tu vois bien que Betty te taquine !

— C'est bien la première fois que je vous entends parler comme ça, miss Abigail, et j'en suis bien attristée. Depuis que cette servante est arrivée, cracha-t-elle, plus rien ne tourne rond dans cette maison. Vous qui étiez si gentilles avant, voilà que vous devenez comme deux vipères… Oh ! pardonnez-moi, je ne voulais pas dire ça. Je… je suis désolée !

Les deux filles s'amusèrent devant la mine contrite de leur femme de chambre. Sans même se consulter, elles s'approchèrent d'elle et la serrèrent dans leurs bras.

— Excuse-nous Cathy, commença Betty. Notre voyage à Boston a été éprouvant et même si nous sommes fatiguées, nous savons que nous ne trouverons pas le sommeil.

— Mais nous allons t'obéir et nous changer tout de suite, puis nous nous mettrons au lit bien sagement. Cathy, tu sais que nous t'aimons beaucoup, alors oublions tout ça et redevenons amies !

Cathy sourit doucement et leur caressa la tête.

— Eh bien, à vrai dire, je suis très fatiguée aussi, alors… vous avez raison ! Il ne sert à rien de se quereller pour si peu.

Elles rirent en chœur. Les deux filles passèrent leur tenue de nuit et Cathy les embrassa avant de sortir. Aussitôt qu'elles entendirent ses pas résonner dans le grand escalier froid, elles se relevèrent et revêtirent leurs habits. Elles y ajoutèrent des bas et un chapeau en laine. Betty, sur la pointe des pieds, vint rejoindre Abigail dans sa chambre. Toutes deux se couchèrent sous les draps mais les épaisses couvertures eurent tôt fait de rendre leur position insupportable. La pièce était plongée dans le noir et aucune chandelle ni aucun feu de bois n'étaient là pour chasser la fraîcheur et les ténèbres. Mais elles n'osaient pas sortir du lit grinçant de peur que quelqu'un arrive. Il était encore trop tôt et tout le monde ne dormait pas dans la maison. Elles auraient eu bien du mal à expliquer à Cathy pourquoi elles étaient de nouveau habillées, et encore plus à la convaincre de n'aller rien dire au révérend.

La nuit était noire et d'effrayants hululements nocturnes résonnaient autour de la maison, se répercutant sur les murs. Les arbres proches du manoir frottaient leurs branches crochues contre la pierre et ce grincement semblait surnaturel aux filles qui n'étaient plus très rassurées à l'idée d'aller dans la forêt avec une sorcière, et sans Ezra. Lorsqu'elles entendirent un craquement dans le couloir, Betty sursauta brusquement et Abigail étouffa un petit cri. Elles regardèrent l'horloge et virent qu'il serait bientôt minuit. Un léger grattement sur le bois de la porte se fit entendre. Tandis que celle-ci s'entrouvrait, Betty se leva précipitamment, n'ayant aucun doute sur la personne qui se trouvait dans l'embrasure.

— Il est l'heure, déclara Tituba d'une voix qui leur glaça les sangs.

Abigail n'était plus très sûre. Leurs fanfaronnades de tout à l'heure lui semblaient lointaines et puériles. Tituba l'effrayait encore. Mais Betty coupa court aux tergiversations de sa cousine en lui empoignant le poignet pour la tirer à sa suite. Elles descendirent précautionneusement l'escalier, frissonnant déjà de peur et de froid. Les toiles de leurs ancêtres que le révérend Parris avaient fait mettre des deux côtés de la descente d'escalier les fixaient d'un œil sévère. Les portraits semblaient doués de vie et, au vu de la peur qui les étreignait, elles étaient sûres de les voir bouger la tête ou cligner d'un œil. Abigail fut même certaine de voir un vieil homme fort laid au menton et au nez crochu, au haut-de-forme poussiéreux et aux épaules voûtées, lui tirer la langue. Elle vissa son regard sur les aspérités des marches en bois et ne le releva que lorsque ses pieds entrèrent en contact avec le sol froid du grand hall. Dès qu'elles se retrouvèrent dehors, un vent malin s'insinua sous leurs vêtements et Abigail sentit la bise glaciale lui couler le long de l'échine en un frisson désagréable. Même si Tituba marchait vite, ses pas ne faisaient aucun bruit dans les herbes alors que Betty s'empêtrait dans des lianes qui couraient au sol et brisait bruyamment les branches sèches qui craquaient comme le feu. L'obscurité était épaisse et oppressante.

— Est-ce vous qui rendez le temps comme cela ? demanda Betty à Tituba dans un souffle.

— Je ne fais rien, miss Parris. Mais le ciel réagit ainsi à mon approche.

— Et pourquoi s'obscurcit-il ? Pourquoi ne pourrait-il pas s'éclaircir ? Renvoyez ces affreux nuages d'où ils viennent ! On n'y voit rien ici !

— Silence ! tonna Tituba.

Betty sursauta mais obéit. Abigail se serra contre elle et pressa son bras. Elle lui chuchota :

— Tu penses vraiment que c'est une bonne idée, Betty ? Je ne suis pas très rassurée et Tituba est encore plus étrange que d'habitude…

— Oh toi, grogna Betty en dégageant brutalement son bras, il faut toujours que tu aies peur de tout. Tu n'es pas obligée de venir, déclara-t-elle avec un ton de défi. Rentre si tu veux !

Elle pressa le pas, laissant un peu en retrait Abigail qui soupira. Betty n'était pas méchante, c'est certain, mais dans ce genre de situation, c'est-à-dire lorsqu'elle ressentait de la peur, elle préférait rabrouer sa cousine plutôt que lui avouer sa frayeur. Abigail était habituée, mais elle ne supportait pas le ton péremptoire de Betty. Après tout, elles avaient le même âge ! Et Abigail n'avait pas peur, elle raisonnait. C'est bien différent ! Finalement, elle se décida à la suivre car, malgré ce que pensait Betty, Abigail se sentait obligée de rester près d'elle. Elle se donnait la tâche de veiller sur elle autant qu'elle le pouvait. Betty était trop impulsive pour faire attention à ce qu'elle faisait.

Lorsqu'elles arrivèrent aux abords de la forêt de Belwack, Abigail inspira un grand coup ; l'air était si froid qu'il lui fit mal à la gorge. Elle surprit Betty faisant la même chose, et celle-ci lui accorda même un mince sourire pour lui signifier qu'elle s'excusait. Tituba avait déjà pénétré plus en avant et elles ne la distinguaient presque plus. Elles accélérèrent donc le pas pour ne pas se faire distancer. Tituba semblait voler au-dessus du sol car, outre le fait que son pas était silencieux, elle se déplaçait comme si elle glissait. Le sol étant boueux, spongieux et jonché d'obstacles, ce n'était pas possible. Mais avec sa grande robe qui lui couvrait les chevilles et battait le sol, c'était impossible de vérifier. Finalement, par le même chemin qu'elles avaient emprunté quelques jours plus tôt avec Ezra, les filles se retrouvèrent dans la clairière. L'aspect n'était pas différent de la dernière fois, si ce n'est que la lune ne baignait plus le sol moussu et que les arbres avaient l'air encore plus hostiles. Ils se balançaient en craquant, et Betty et Abigail auraient pu jurer que leurs troncs se pliaient sous l'assaut du vent. Pourtant, il s'agissait d'arbres centenaires, bicentenaires, ou plus. Les troncs vénérables étaient bien trop épais pour ne serait-ce que frémir au contact d'une tempête.

— Il semble que les éléments ne vous apprécient guère, chuchota Abigail à Tituba.

— Pourquoi dites-vous cela, miss Abigail? demanda Tituba d'une voix doucereuse qui contrastait avec ses yeux malveillants.

— Je ne sais pas. Mais les arbres semblent agités depuis que vous avez pénétré dans la forêt, et le ciel est si étrange… continua-t-elle en levant les yeux vers le firmament.

Des nuages noirs s'étaient amoncelés, annonciateurs d'une tourmente, et ils semblaient par endroits s'entortiller pour former des tourbillons noirâtres qui se déplaçaient rapidement au-dessus d'elles. La voûte était très basse, si basse qu'elle semblait frôler le faîte des grands arbres. Le vent soufflait de plus en plus fort et ses bourrasques glacées sifflaient et mugissaient dans les creux. Elles croyaient presque apercevoir l'air vrombir, entité céleste irascible et redoutable. Tituba entassait au centre de la clairière de grosses bûches de bois sec, des brindilles et des feuilles mortes. Lorsque son amoncellement fut assez haut, elle tendit brusquement la main vers le tas de bois. Des étincelles en jaillirent et un feu ronflant enveloppa toutes les branches, projetant autour de lui une aura de lumière et de chaleur bienfaisante. Abigail et Betty avaient regardé le prodige avec étonnement mais aussi avec envie. La servante leur fit signe de s'asseoir, et les deux jeunes filles ne s'activant pas assez vite à son goût, elle les attrapa l'une et l'autre par un bras et les assit violemment sur le sol boueux, près des flammes. Puis elle tourna autour d'elles en murmurant d'étranges paroles qui ne semblaient pas appartenir à leur langue. Ces paroles étaient constituées de sons inarticulés, de borborygmes animaux et de sortes d'éructations puissantes. Betty était finalement tout aussi effrayée qu'Abigail, mais elle faisait tout pour que cela ne se voie pas. Elle se tenait droite, assise en tailleur, les mains sagement posées sur les genoux. Mais Abigail voyait bien que ses doigts crispés agrippaient furtivement les replis de tissu de sa robe. Lorsque Tituba eut fini de décrire des cercles, elle sortit de sa besace un pot de terre hermétiquement fermé et deux gobelets. Les deux filles tressaillirent. Le moment était arrivé et elles n'étaient plus très sûres. Il n'y avait que deux gobelets, Tituba ne boirait rien. Qui pouvait leur dire qu'elle n'allait pas les empoisonner ? La ténébreuse servante qui terrorisait ses petites maîtresses versa deux généreuses portions d'un liquide blanchâtre et épais comme du miel, légèrement écumeux sur le dessus. Des morceaux tombaient dans le verre au fur et à mesure qu'elle versait mais ni Betty ni Abigail n'auraient pu dire de quoi il s'agissait. Tituba leur tendit à chacune un verre.

— Buvez ça jusqu'au bout ! gronda-t-elle. J'ai passé la journée à préparer cette potion et je puis vous assurer qu'il ne s'agit pas d'une mince affaire. Buvez-la et vous pourrez commencer votre apprentissage.

— Mais qu'est-ce que c'est, Tituba ? demanda timidement Abigail. Ces choses étranges qui flottent à la surface, et cette odeur de… de soufre. Je ne suis pas sûre d'avoir très envie de boire ça…

Betty regarda sa cousine avec la même appréhension dans les yeux. Puis elle respira un grand coup et avala sa potion d'un coup. Elle ferma les yeux très fort et se concentra pour ne pas vomir. De terribles haut-le-cœur l'assaillaient et la faisaient trembler et elle sentait ses entrailles remuer comme si quelque chose de vivant avait élu domicile dans ses intestins. Puis tout disparut et elle se sentit très bien, mieux qu'avant. L'angoisse et l'anxiété avaient disparu. Elle tourna la tête vers Abigail qui la fixait et opina de la tête. Abigail haussa les épaules et avala elle aussi la potion. Sa réaction fut la même que celle de sa cousine puis tout se calma aussi. Elles se tournèrent vers Tituba qui les regardait, les yeux sombres et un grand rictus aux lèvres.

Elles se réveillèrent dans leur lit alors que le soleil était déjà haut dans le ciel. Leurs rideaux étaient grands ouverts et on avait même entrebâillé les fenêtres. L'air était doux et une légère vague de chaleur leur caressait le visage. Cela sentait le chèvrefeuille et les dernières roses de l'année. Betty et Abigail s'éveillèrent en même temps et furent surprises de se trouver dans la même pièce mais chacune dans leur lit. Elles avaient la tête lourde, les yeux gonflés et la bouche sèche. Toutes deux gémirent en se redressant et furent surprises de découvrir Tituba à leurs pieds. Celle-ci siégeait dans un fauteuil et les regardait de la même façon que la veille, avant qu'elles ne perdent connaissance. Elle semblait ne pas avoir dormi de la nuit, des cernes entouraient ses grands yeux noirs et elle avait un teint de cendres. Betty voulut parler, mais elle dut s'y prendre à deux fois avant de pouvoir articuler un mot.

— Que s'est-il passé ? demanda-t-elle. Comment sommes-nous arrivées ici ?

Tituba la regarda longtemps avant de répondre. Puis elle se croisa les mains et inspira profondément comme si ce qu'elle allait dire était de la plus haute importance.

— Tout s'est passé comme prévu. Mais je ne savais pas que deux filles de quatorze ans pouvaient peser aussi lourd. Je vous ai ramenées de la forêt.

— Vous ? Toute seule ? C'est impossible ! s'exclama Abigail qui venait aussi de retrouver l'usage de la parole.

— Je vous ai portée, miss Abigail.

— Et moi ?

— J'ai gentiment demandé à Cathy de venir me rejoindre dans la forêt pour s'occuper de vous.

— Et elle a accepté ? demanda Betty, abasourdie.

Tituba la regarda avec mépris.

— Savez-vous qui je suis, miss Betty ? Ne m'avez-vous pas accompagnée dans la forêt pour quelque raison obscure que nous ne pouvons dévoiler ? Voyons, miss Betty, je vous pensais plus intelligente que ça.

Betty rougit violemment aux paroles de Tituba.

— Racontez-nous ce qui s'est passé après que nous ayons bu la potion, Tituba, s'il vous plaît, ajouta précipitamment Abigail devant le regard flamboyant de la servante.

— Comme je vous l'ai dit, commença Tituba, mépris et amusement se disputant son regard, tout s'est passé comme prévu. Vous avez bu la potion et j'ai pu procéder à l'ensorcellement. Oh, ce ne fut pas de tout repos pour vos corps et vos esprits ! C'est pour cela que vous êtes dans cet état aujourd'hui. Mais cela passera bien vite, je vous l'assure.

— Comment nous avez-vous ensorcelées ?

— Pour rien au monde je ne vous le dirai, miss Abigail, la rabroua Tituba. Il s'agit de formules secrètes sacrées que Man Yaya m'a enseignées en me faisant jurer de ne jamais les apprendre à quiconque n'en serait pas digne. Un sortilège me relie à la promesse que j'ai faite à Man Yaya. Si je la trahis, je perdrai tous mes pouvoirs et dépérirai en peu de temps. Ne me demandez plus jamais quoi que ce soit à ce sujet, gronda Tituba.

— Je vous demande pardon.

— Votre corps et votre esprit se sont pliés à mes demandes et maintenant un fluide magique les parcourt. Il s'agit bien sûr d'une magie sans conséquence, il vous faudra apprendre et vous entraîner longuement.

— Que nous est-il arrivé pendant l'ensorcellement ? demanda Betty. Je veux dire, à nous-mêmes ? Nos cheveux sont emmêlés et pleins de terre, nos robes sont maculées de boue et regardez nos bras ! Nous sommes pleines d'écorchures.

— Tout ensorcellement se passe ainsi, miss Betty. Pendant quelques instants, vous étiez comme des animaux enragés. De la bave écumait de vos lèvres, vous vous tordiez dans tous les sens ; vous avez été très friandes de reptations l'une et l'autre. D'ailleurs, je crois que le plus amusant, ajouta-t-elle, le sourire aux lèvres, ce fut vos yeux qui se révulsèrent et devinrent blancs comme le lait. Oui, j'ai particulièrement apprécié ce moment.

Elle éclata d'un rire répugnant qui fit grimacer les deux filles et déclara :

— J'ai même cru à un moment que vous alliez mourir.

Abigail et Betty se regardèrent. Elles ne la comprenaient vraiment pas.

— Pourquoi ne nous sentons-nous pas différentes ? l'interrogea Abigail.

— Je vous l'ai dit. Ce serait un miracle que vous disposiez de pouvoirs tout de suite.

— Mais j'en ai déjà. Vous l'avez dit, déclara Betty.

— Je parle bien sûr de pouvoirs que nous pouvons contrôler, lui répondit Tituba, hautaine.

Elle se leva brusquement et, sans un regard pour ses deux apprenties, elle sortit précipitamment. Betty haussa les épaules et se rallongea dans son lit. Elle se redressa aussitôt et tendit la main vers le verre qui restait toujours sur sa table de nuit. Il était vide. Elle maudit entre ses dents Cathy qui oubliait tout le temps de remettre de l'eau dedans. Elle la maudit surtout car elle devait se lever pour aller en chercher et elle ne s'en sentait pas la force. Lorsqu'elle baissa les yeux sur son verre, l'air abattu, elle eut la surprise de voir au fond du gobelet un léger filet d'eau qui venait… elle ne savait d'où. Toujours est-il que, telle une source, le verre se remplissait progressivement. Elle voulut montrer ce prodige à sa cousine, mais le verre était déjà plein et elle redoutait de se faire traiter de menteuse. Buvant son verre d'un trait, elle l'observa pour voir si le miracle se reproduisait, mais ne voyant rien venir du fond du verre elle le reposa sur sa table et se laissa tomber dans ses coussins avec un soupir de bien-être.

De son côté, Abigail voulut prendre son livre de la veille pour patienter. Quand elle frôla la couverture de ses doigts, lc livre sauta de la table de nuit pour atterrir sur ses genoux et les pages se mirent à défiler à toute vitesse, comme si un souffle de vent les faisait tourner, pour s'arrêter tranquillement à celle où elle en était rendue dans sa lecture. Au bruit que le livre avait fait en tombant sur les genoux de sa cousine, Betty s'était redressée et, bouche bée, elle observait le livre qui semblait doué d'une vie propre. Abigail aussi le fixait, mais elle semblait blême et malade, prête à défaillir. Elle ouvrit la bouche et s'apprêtait à hurler quand Tituba apparut de nulle part à ses côtés et lui plaqua son épaisse main sur la bouche.

— Vous vouliez des pouvoirs, vous en avez. Et il semble même que vous en ayez plus que je ne le pensais.

13

Cela faisait désormais plusieurs semaines que Betty et Abigail étaient devenues sorcières grâce à leur servante Tituba. Elles s'entraînaient avec assiduité, mais toujours en secret. Seules Tituba et elles-mêmes étaient au courant. Bien sûr, miss Salinger et Cathy se posaient des questions sur la cuisine toujours impeccable alors que les filles venaient de préparer un plat en sauce particulièrement gras. Des étoffes apparaissaient aux murs en guise de décoration mais personne dans la maison ne savait qui les avait cousues. Abigail et Betty faisaient en sorte que tout cela passe inaperçu mais elles s'accordaient le plaisir d'asticoter Cathy de temps à autre. Rien de bien méchant évidemment. Lorsque la pauvre Cathy s'évertuait à fermer une porte, Betty la faisait s'ouvrir instantanément. Cathy s'échinait donc à la claquer et ainsi de suite. Les deux filles devaient faire de gros efforts pour ne pas se trahir en éclatant de rire, mais elles arrêtèrent tout lorsque Tituba les surprit et leur lança un sortilège qui les rendit aussi chauves qu'un œuf. L'une et l'autre hurlèrent tant et plus lorsqu'elles se découvrirent qu'elles jurèrent de ne plus recommencer. Tituba leur rendit donc leur chevelure. Les pouvoirs de Tituba semblaient infinis : elle pouvait disparaître, écouter leurs pensées, flotter au-dessus du sol, jeter des sorts de guérison et de mort aussi. Sans oublier tous les plus menus sortilèges rendant plus légères les tâches du quotidien.

Un jour que Betty s'entraînait à faire léviter des objets pour les amener à elle, Tituba entra dans sa chambre avec tant de brusquerie qu'Abigail dégringola du lit sur lequel elle était juchée dans l'espoir de voler un peu. Betty avait beau lui répéter qu'elle n'y arriverait jamais, Abigail maintenait qu'elle se sentait beaucoup plus légère depuis qu'elle avait des pouvoirs. Betty éclata de rire en la voyant s'écraser au sol.

— On dirait bien que tu n'es pas prête de voler !

— Miss Betty, la tança Tituba, sachez-le : miss Abigail pourra voler un jour. Elle fait preuve d'une grande force et d'une grande sagesse à s'entraîner autant. Prenez donc exemple sur elle !

Abigail tira la langue à sa cousine en un geste très enfantin pour lui montrer qu'elle avait tort. Betty haussa les épaules en souriant à demi.

— Pourquoi êtes-vous entrée comme cela, Tituba ? Aurions-nous été découvertes ? L'Inquisition attend à la porte ? demanda Betty, hilare.

Abigail pouffa avec elle mais se calma rapidement en voyant Tituba devenir rouge de colère. L'air sembla s'obscurcir autour de la servante et elle aurait juré que Tituba grandissait jusqu'à emplir la pièce. D'une voix de stentor, elle gronda :

— Combien de fois vous ai-je répété de ne jamais plaisanter sur ce sujet, miss Betty ? Faut-il que vous ayez un pois dans la tête pour ne jamais vous en souvenir ? J'ai bien peur d'avoir créé moi-même la honte de la confrérie des sorcières.

Betty grommela qu'elle disait ça juste pour rire et que Tituba aurait bien besoin de se détendre.

— Toujours est-il que vous devez m'accompagner cette nuit.

— Vous accompagner ? Mais où ça ? demanda Abigail, inquiète.

— Dans la forêt de Belwack. Nous ne sommes plus seules, mes enfants !

— Vous voulez dire que vous avez trouvé d'autres sorcières ? Qui sont-elles ? s'exclama Betty, enthousiaste à l'idée d'en découvrir d'autres.

— En fait, elles sont venues à moi. Quant à savoir qui elles sont, je ne vous dirai rien. C'est une surprise ! En outre, je ne sais pas si leurs noms vous éclaireraient.

Betty et Abigail furent étonnées de voir apparaître sur le visage de Tituba une expression qu'elles n'y avaient jamais vue avant. De la malice ! Et elle ressortit aussi vite qu'elle était entrée. Abigail et Betty devinrent aussitôt surexcitées et Tituba dut encore les menacer de rendre leurs yeux rouges comme les braises ou encore de faire disparaître toutes leurs belles toilettes pour qu'elles se calment. Les deux filles savaient pertinemment que Tituba ne pouvait rien faire de tout cela sans attirer l'attention, mais il était plus sage pour tout le monde de ne pas s'exposer aux foudres de la grande sorcière barbadienne. Qui sait quelle malédiction invisible pouvait s'abattre sur elles ?

Le soir venu, elles se rendirent toutes les trois dans la forêt de Belwack à la lueur de la lune. Le temps était beaucoup moins agité que la dernière fois et Abigail en fit la remarque à Tituba.

— C'est parce que les esprits n'étaient pas d'accord pour que je vous fasse sorcières. Ils ont essayé de m'intimider.

— Mais ça n'a pas marché, n'est-ce pas ?

— Bien sûr que non ! Vous voilà sorcières, non ? Maintenant, taisez-vous !

Elles reprirent le même chemin qui menait à la clairière mais cette fois un feu était déjà allumé. Et trois femmes se trouvaient là, assises autour, discutant innocemment, seules au milieu de cette obscure forêt. Abigail et Betty ne distinguaient pas bien leurs visages, mais Tituba eut tôt fait de percer le mystère en faisant les présentations.

— Voilà Rebecca Nurse, dit-elle en montrant la boulangère du village au visage grêlé et aux épaules courbées par les malheurs de la vie. Et ce sont les jumelles Parker, Alice et Mary.

Les deux jeunes filles étaient identiques en tous points, semblait-il. Petites, fines, avec une épaisse tignasse rousse, d'un orange de feu, elles avaient aussi des yeux pleins de malice et de petites quenottes de souris. Abigail et Betty les adorèrent tout de suite. Tituba les présenta aussi, mais les filles Parris étaient connues par tout le village grâce au révérend. Tituba et ses deux apprenties s'assirent aux côtés des trois femmes qui étaient déjà là. Le silence s'installa. Seul le bruit du feu craquant joyeusement entre elles se faisait entendre. Les jumelles Parker demandèrent aux jeunes filles Parris comment elles avaient découvert leurs pouvoirs. Celles-ci leur racontèrent l'épisode de Boston et le foulard en flammes, les cheveux et les mains miraculeusement propres après une journée à grimper dans les arbres. Mais elles eurent tôt fait d'arrêter car elles ne voyaient là rien d'exceptionnel. Alors Betty demanda à Alice et Mary de leur raconter leur histoire.

— Pour nous, commença Alice, la vie a mal commencé. Voyez-vous, nous sommes jumelles, donc anormales. Mais en plus, nous avons la couleur du diable sur la tête. Nous avons toujours été considérées comme une étrangeté de la nature, une sorte de…

— Démon à deux corps, continua Mary. C'est ainsi qu'on nous appelait. Cela nous a toujours fait rire, mais notre vie a été quelque peu difficile à cause de ça. Nous avons appris très tôt à nous débrouiller et, enfants, nous étions vagabondes et voleuses avant qu'un très gentil couple nous recueille, les Parker.

— Nous avons découvert nos pouvoirs un jour où nous étions en quête de quelque chose à manger. Nous étions tiraillées par la faim et un étal de pains chauds sortant du four nous faisait baver d'envie. Pendant que Mary montait la garde, je me suis faufilée jusqu'à l'étal dans l'espoir d'attraper un pain. Malheureusement, il semblerait que la boulangère ait été avertie de nos méfaits car elle est sortie en hurlant « Au voleur ! »

— Les gens autour de nous se sont retournés et de gros hommes se sont mis à courir après nous. Nous n'avions pas plus de dix ans et ils nous ont attrapées sans peine. On nous a jetées au cachot, un de ces trous puants et sales.

— Il nous fallait attendre le jugement.

— Le jour du procès, on est venu nous chercher dans notre cellule, mais les deux hommes qui sont entrés dans le cachot se sont dirigés dans la direction opposée à celle où nous étions. Il n'y avait rien dans cet endroit de la pièce.

— Pourtant, nous les avons vus ressortir avec…

— Nous, compléta simplement Mary.

— Vous ? demanda Abigail, sceptique.

— Oui, nous, l'assura Alice. Nous, en train de nous débattre comme des furies, mordant et griffant la peau à notre portée.

— Et que s'est-il passé ?

— Ils avaient laissé la porte ouverte car ils croyaient avoir vidé le cachot.

— Alors nous sommes sorties.

— Et nous sommes allées nous coller aux fenêtres du tribunal. Durant l'audience, nous avons simplement disparu de nos sièges.

— Disparu ?

— Comme un nuage chassé par le vent, ou de la poussière qui tourbillonne dans les airs. C'est très étrange de se voir se dissoudre comme cela.

— Toujours est-il que tout le monde a hurlé dans le tribunal et nous avons quitté notre village.

— Et nous sommes arrivées ici en espérant que nous rencontrerions d'autres gens comme nous.

— Et c'est chose faite ! conclut Mary.

Betty et Abigail regardaient les jumelles avec admiration.

— Alors c'est ça, votre pouvoir ? demanda Abigail. Vous vous multipliez et devenez invisibles ?

— Il semble que oui !

— Quel pouvoir magnifique !

Les jumelles haussèrent les épaules en un geste de contentement. Puis Alice se tourna vers Rebecca Nurse, qui restait silencieuse, et lui demanda de leur raconter à son tour la découverte de sa nature. Rebecca Nurse était connue par tout le village comme étant une femme qui n'avait jamais eu de chance. Sa petite boulangerie ne lui rapportait qu'un maigre pécule et Rebecca devait nourrir ses douze enfants. Devoir dont elle ne s'acquittait pas tout le temps. Elle laissait sa progéniture très libre, et même trop parfois. Certains de ses enfants étaient morts de faim, pourtant Rebecca avait toujours fait en sorte que personne ne pense que c'était de sa faute. Tous ses enfants étaient issus de pères divers et variés. Son présent mari, ivrogne patenté, ne valait pas mieux que les autres et laissait sur le corps de sa femme, sur sa peau très blanche, les marques de son appartenance. Rebecca n'était pas une belle femme ; toutefois elle avait eu le visage fier et le port d'une reine avant de ployer sous la disparition de sa jeunesse et le désespoir d'une vie meilleure. Elle se racla la gorge, se redressa sur son séant et commença :

— Je ne suis pas très fière de mon histoire, mais si je n'avais pas fait ce que j'ai fait, jamais je n'aurais su et jamais ma vie n'aurait changé. J'ai toujours su que la vie ne voulait pas de moi. Les hommes m'ont toujours battue, maltraitée et méprisée. Mes enfants sont trop nombreux pour que je puisse m'occuper d'eux convenablement. Ma jeunesse a disparu beaucoup trop tôt, et je suis si fatiguée de me lever pour travailler toute la journée sans gagner un sou. J'ai décidé de me tuer…

Les jumelles et les filles Parris hurlèrent d'effroi tandis que Tituba restait de marbre.

— Mais l'Église est très claire à propos du suicide, Rebecca, déclara Alice. Cela reviendrait à vendre son âme au diable. Vous n'auriez eu droit ni au salut ni au pardon, et le jugement vous aurait conduite tout droit en enfer. Le révérend Parris en a parlé dans son dernier sermon, ne vous en souvenez-vous pas ?

— Que faire d'autre quand la vie semble si pesante, si insurmontable ? Je savais ce que je faisais. Je suis allée au bord de la rivière et je suis entrée dans l'eau tout habillée pour que mes habits gorgés m'entraînent rapidement vers le fond. Je me suis avancée jusqu'à l'endroit où mes pieds ne touchaient plus le sol et je me suis laissée couler. J'ai ouvert la bouche sous l'eau et j'ai pris une profonde inspiration pour faire entrer l'eau dans mes poumons.

Toutes étaient horrifiées par l'acte de Rebecca, hormis Tituba qui écoutait, un léger sourire aux lèvres.

— J'ai senti l'eau entrer mais je vivais toujours, je n'étouffais même pas. J'ai inspiré de nouveau mais je n'ai pas réussi à mourir, dit-elle, affectée. C'est là que je me suis rendue compte que je n'étais pas comme les autres. Je me suis débrouillée toute seule après ça et je peux maintenant guérir les gens.

— Ça, c'est une bonne chose ! s'exclama Abigail, sincèrement admirative.

— Je peux aussi tuer si je le souhaite.

Un silence marqua ses dernières paroles. Tituba semblait avide de parler de cette dernière chose avec Rebecca, mais elle se tourna finalement vers les jeunes filles et leur dit :

— Il nous faut maintenant rentrer. Nous partirons en premier et vous attendrez quelques instants avant de nous suivre. On ne doit pas nous voir ensemble, sinon les geôles retentiront bientôt de vos cris. Nous nous reverrons sous peu. Ne vous faites pas voir ensemble trop souvent dans le village, cela paraîtrait suspect puisque vous ne vous connaissiez pas avant.

Toutes acquiescèrent. Au moment du départ, les jumelles Parker vinrent serrer dans leurs bras Betty et Abigail qui se laissèrent faire de bonne grâce. Elles firent un signe de la main à Rebecca Nurse et suivirent Tituba dans le noir. Abigail s'interrogea sur les paroles de la servante. Pourquoi avait-elle dit « vos cris » au lieu de « nos cris » ? Elle était tout aussi concernée que les autres. Fatiguée, elle bâilla à s'en décrocher la mâchoire et suivit sa cousine qui marchait d'un bon pas quelques pieds devant elle. Aussitôt rentrées, les deux filles se couchèrent rapidement. Mais avant,

Betty remplit leurs verres d'eau. Et elles s'endormirent, des rêves de miracle plein la tête.

Betty et Abigail ne sortaient plus beaucoup. Les arrestations se multipliaient au village, et depuis leur sortie nocturne, elles n'avaient plus eu de nouvelles de Rebecca Nurse et d'Alice et Mary Parker. Elles s'inquiétaient et ne pouvaient pas demander à Ezra de se renseigner car il poserait des questions auxquelles elles ne pourraient pas répondre. Alors elles restaient dans le jardin et s'entraînaient avec leurs nouveaux pouvoirs. Abigail parvenait enfin à faire pousser des fleurs en l'espace de quelques minutes. Bien sûr, elle aurait souhaité que cela soit encore plus rapide, mais elle et Betty étaient déjà impressionnées par ce fait peu commun. Elle avait planté de multiples parterres de fleurs multicolores aux quatre coins du jardin et passait ses journées la main contre la petite graine qu'elle avait enfouie dans la terre. Fermant les yeux, elle se concentrait, les doigts tendus au-dessus du sol, et attendait que la fleur éclose. Betty, pour sa part, les rendait immuables. De la même façon qu'Abigail, elle les frôlait de sa main et fermait les yeux. Tituba les avait mises en garde. Des fleurs écloses en une journée, des couleurs éclatantes et aucun dépérissement, en cette saison, il n'y avait rien de plus suspect. Alors les filles n'en laissaient que quelques-unes qui n'attiraient pas l'attention du révérend lorsqu'il rentrait le soir. Tituba se chargeait de faire disparaître les autres. Et inlassablement, elles recommençaient avec plaisir le lendemain.

La nuit, de temps en temps, elles exerçaient leur pouvoir de guérison sous la houlette de Tituba qui les emmenait avec elle dans la forêt pour soigner les animaux. Abigail y prenait beaucoup de plaisir, mais Betty s'en lassait bien vite. Après en avoir guéri quelques-uns, elle se précipitait dans un arbre et grimpait le plus vite possible au sommet. Elle n'était pas comme sa cousine qui commençait à flotter au-dessus du sol pendant quelques secondes mais, dès qu'elle posait la main sur un arbre, elle devenait aussi légère et agile qu'un singe. Abigail ne pouvait plus la suivre dans les arbres et ne montait jamais aussi haut qu'elle. Betty lui avait souvent raconté la sensation que cela lui faisait. Elle sentait comme la force de l'arbre couler dans ses propres veines, comme si la sève du tronc était devenue son sang, sa vie. Les deux jeunes filles l'avaient remarqué. Depuis qu'elles avaient été ensorcelées, leur lien avec la nature s'était renforcé et elles puisaient souvent leur force et leur concentration dans ce qui les entourait.

Un jour qu'elles couraient dans les rues du village, elles furent prises de panique à la vue de deux inquisiteurs qui se dirigeaient vers elles. Ils ne semblaient pas hostiles et ne paraissaient même pas les avoir vues, mais elles eurent peur et s'enfuirent dans la direction opposée. Deux autres hommes arrivaient en face d'elles. Elles étaient maintenant cernées et leur panique avait attiré l'attention. Betty attrapa Abigail par le bras et la força à courir à sa suite. Un immense érable aux feuilles rouges et mordorées se dressait sur leur chemin. Betty tendit la main pour attraper une branche et se hisser dans son feuillage, mais une force inattendue les propulsa, elle et sa cousine, dans les plus hautes branches de l'arbre majestueux. Lorsque, toujours accrochée au bras de sa cousine, elle tourna la tête vers Abigail, elle réprima un hurlement car cette dernière était devenue invisible. Du moins, elle avait pris l'apparence de l'arbre qui les protégeait. Son corps était devenu transparent et, à travers Abi, Betty voyait le tronc rugueux d'un marron sombre ainsi que tous les petits insectes qui couraient dessus. Dans ses cheveux autrefois bruns, elle ne voyait que du rouge et de l'orange, couleurs enflammées de l'automne. Au petit cri de Betty, Abigail releva les yeux et ouvrit grand la bouche. Elle devina qu'elle-même avait disparu. Betty lui plaqua sa main sur les lèvres pour l'empêcher de crier. Les quatre inquisiteurs étaient à leurs pieds et cherchaient dans toutes les directions.

— Je ne me suis pas trompé. C'étaient bien les filles Parris ! Encore une fois, elles se sont échappées. Patton serait si content de les avoir sous la main. Il pourrait enfin faire plier cet imbécile de révérend !

— Pourquoi ne va-t-on pas les cueillir chez elles ? demanda un des hommes.

— Imbécile ! Et pour quel motif ? Le révérend est protégé par des institutions de Boston, ses filles aussi. Nous ne pourrons les arrêter que si nous les cueillons dans les rues du village. Venez, partons !

Betty se pencha dans les branches pour être sûre qu'ils étaient bien partis. Lorsqu'elle s'en fut assurée, elle sauta avec agilité de branche en branche pour descendre. Abigail la suivait avec plus de difficulté mais, dès qu'elle toucha le sol, elle s'exclama :

— Incroyable ! C'était incroyable ! Comment as-tu fait ça ? Nous rendre invisible toutes les deux ! Oh ! Peu importe ! C'était absolument fascinant ! Allons tout de suite raconter ça à Tituba !

Betty acquiesça, gênée par ces éloges même si elle était très fière de son nouveau pouvoir. Décidément, la vie était bien plus belle depuis que Tituba les avait faites sorcières.

Elles coururent jusqu'à la maison en faisant attention à chaque coin de rue. À leur arrivée, elles se précipitèrent sur la servante et parlèrent toutes les deux en même temps. Tituba eut une manifestation peu commune car elle rit en leur caressant la tête. Cela fit taire tout de suite les deux filles.

— Vous pourrez raconter tout cela à Rebecca, Mary et Alice ce soir même. Nous allons les voir et elles sont aussi impatientes que vous, semble-t-il.

La nuit, à minuit, Tituba vint les chercher dans leur chambre et elles descendirent encore une fois le grand escalier silencieusement. En fait, seule Betty devait faire attention aux marches qui craquaient car Tituba et Abigail flottaient au-dessus de l'escalier. Abigail maîtrisait beaucoup mieux son pouvoir qu'avant et même si elle ne pouvait encore s'envoler il lui était possible de se déplacer quelques pouces en lévitation au-dessus du sol. Betty était légèrement jalouse de ce don qu'avait Abigail, mais celle-ci la consolait tout le temps en lui répétant que ce n'était rien face à la faculté de se rendre invisible. Betty en convenait volontiers.

Les retrouvailles se firent avec effusion, les jumelles serrant les deux petites sur leur cœur. Rebecca restait un peu en retrait, mais son bonheur paraissait évident. Toutes les quatre se racontèrent les derniers événements tandis que Tituba, fidèle à son habitude, les observait de loin. Puis chacune se fit un devoir de montrer ses progrès. Les jumelles pouvaient maintenant se multiplier en trois, voire en quatre exemplaires, bien que le dernier fût plus pâle et légèrement vacillant.

— Oh, j'aimerais tellement avoir ce genre de pouvoir ! soupira Betty.

— Malheureusement, miss Parris, ces pouvoirs-là ne s'acquièrent que rarement. Si vous les utilisez, c'est qu'ils sont déjà en vous. Il faut une très grande sagesse et une excellente concentration pour les obtenir. Qualités dont vous manquez cruellement, lui dit Tituba.

Vexée, Betty se fit quand même un plaisir de montrer son don d'invisibilité. Elle fut très fière quand toutes s'extasièrent. Même Tituba eut un hoquet que Betty choisit de prendre pour de l'étonnement. Cela intimida aussi Abigail qui, finalement, ne trouvait pas ses progrès aussi impressionnants. Mais les jumelles et Rebecca la félicitèrent chaudement.

— Et vous, Rebecca, qu'avez-vous à nous montrer ? Je crois voir que vous nous avez amené un sujet… déclara Tituba.

— Oui… hum… un chien errant qui a une patte cassée. La pauvre bête a souffert toute la journée mais je voulais la garder pour ce soir, pour vous montrer ce que je peux faire.

Rebecca ne semblait pas du tout émue par le fait que le chien ait pu souffrir, Tituba non plus. Celle-ci avait recouvré son expression avide et vorace, et ses yeux fixés sur le pauvre animal ne reflétaient ni pitié ni compassion. Rebecca se pencha vers le chien et tira sur la longe pour qu'il s'approche. La pauvre bête gémit dès qu'elle posa sa patte antérieure gauche par terre, mais Rebecca continua à le faire avancer.

— J'espère que cela va marcher, souffla-t-elle.

Elle fit coucher le chien sur le flanc droit et demanda à Tituba de lui maintenir la tête afin qu'il ne la morde pas. Celle-ci s'exécuta de bonne grâce et Rebecca empoigna violemment la patte brisée du chien. Celui-ci rua, mais Tituba le maintint d'une poigne de fer. Rebecca ferma les yeux et serra plus fort la main, ses jointures blanchirent sur la fourrure brune de l'animal. Le pauvre roulait les yeux de douleur et de peur sans doute. Les quatre jeunes filles, qui étaient restées un peu en retrait, s'étaient rapprochées les unes des autres et se tenaient immobiles, horrifiées par le supplice que les deux femmes imposaient à la pauvre bête. Mais quand Rebecca rouvrit les yeux, Tituba lâcha le chien qui se mit aussitôt sur ses quatre pattes et s'éloigna en gambadant un peu plus loin. Il semblait rétabli ; lui-même avait l'air surpris par sa prompte guérison. Les quatre filles soupirèrent de soulagement. Un instant, elles avaient cru que… Mais tout était fini.

— Et n'avez-vous rien d'autre à nous faire partager, Rebecca ? demanda Tituba, un sourire désinvolte jurant avec ses yeux cruels.

— Que cherchez-vous, Tituba ? demanda Mary, effrayée.

— Mais rien, mon enfant, répondit la servante d'un ton doucereux. C'est juste que Rebecca n'a finalement rien fait d'exceptionnel. Abigail, Betty et moi-même aurions pu faire la même chose.

— Non, je ne peux pas réparer les fractures, juste les égratignures, les blessures sans importance, protesta Abigail.

— Je veux juste dire que Rebecca n'a rien fait d'incroyable.

— Eh bien, je ne savais pas si je pouvais vous le montrer, mais mon autre pouvoir semble s'être développé aussi.

Une affreuse lueur brillait dans les yeux de Rebecca, une envie de pouvoir et de gloire, de reconnaissance et de peur. Elle leva la main brusquement, paume vers le ciel, et la pointa en direction du chien qui se léchait consciencieusement. Toutes virent distinctement une étincelle poindre de la peau de Rebecca et exploser sur le chien en petits fragments de lumière. Le chien poussa un jappement étonné et tomba raide sur le flanc. Les jumelles Parker, Betty et Abigail hurlèrent ensemble tandis que Tituba regardait avec respect Rebecca qui souriait, les yeux fixés sur l'animal.

14

Jusqu'alors exaltées par la magie, les filles Parris furent déçues et effrayées par ce que Rebecca était capable de faire. Lorsque la boulangère avait tué le chien sans raison aucune, une part de leur innocence avait péri avec lui. Ainsi, les femmes qui avaient des pouvoirs ne les utilisaient pas uniquement pour faire le bien, et si cette constatation naïve était bien le fait d'Abigail, Betty se surprit aussi à se dire que Rebecca venait de faire preuve d'une violence gratuite et cruelle. Après cet épisode, Alice et Mary Parker ainsi que Betty et Abigail décidèrent de se tenir éloignées de Rebecca Nurse. Celle-ci s'était liée d'amitié avec Tituba et toutes deux discutaient souvent à voix basse, éclatant régulièrement d'un rire qui répugnait aux jeunes filles. Les réunions dans la clairière avaient maintenant lieu presque tous les soirs, mais Abigail et Betty n'avaient pas le droit d'assister à toutes. Lorsqu'elles passaient la nuit à veiller, elles se levaient tard et Cathy trouvait cela étrange et peu convenable. Elle les menaçait souvent d'en parler à leur père.

Abigail et Betty déploraient souvent de ne pas pouvoir s'entraîner aussi souvent que les autres, mais Tituba les rassurait en leur disant qu'elles n'auraient aucun mal à rattraper leur retard. Elles étaient si assidues et si enthousiastes que, malgré leur jeune âge, elles égalaient leurs aînées. Abigail volait maintenant. Ni très haut ni très longtemps, mais elle décollait allégrement pour aller se percher dans les basses branches des arbres en compagnie de sa cousine. Betty maîtrisait parfaitement son pouvoir d'invisibilité dans toutes les conditions, mais elle n'arrivait pas encore à le maintenir sur quelqu'un éloigné d'elle. Il fallait encore qu'elle ait un contact. Les sœurs Parker se multipliaient maintenant à l'infini et elles jouaient beaucoup avec les filles Parris, les mettant au défi de reconnaître les vraies Alice et Mary. La première fois que la clairière fut remplie de jumelles Parker, toutes les femmes présentes sursautèrent, croyant que l'on avait découvert leur lieu d'entraînement. Le pouvoir d'Alice et de Mary était très utile. Si quelqu'un attrapait un double au lieu de la bonne personne, ce double se dissolvait dans l'air et disparaissait comme un nuage de poussière. Et il était impossible de distinguer les répliques des vraies personnes. Elles se rendaient ainsi presque invincibles. Outre cet incroyable pouvoir de multiplication, les jumelles pouvaient aussi lire les pensées des autres et elles y excellaient. Elles n'avaient par contre pas encore appris à ne pas les écouter et Tituba s'échinait à le leur enseigner.

— Je vous l'ai pourtant répété des centaines de fois. Il semble que vous n'y parviendrez jamais, alors laissez-moi faire cela moi-même.

— Comment ça, vous-même? demanda Mary qui, sceptique, entraîna sa sœur derrière elle.

— Il existe une incantation, sans danger, ajouta-t-elle devant la mine peu réjouie des sœurs, qui me permettra de fermer vos oreilles aux pensées extérieures.

— Nous n'aurons donc plus ce pouvoir ?

— Bien sûr que si. Mais vous pourrez choisir d'entendre ou non ce que les autres pensent. Ce sera beaucoup plus agréable et reposant pour vous. N'oubliez pas, ajouta-t-elle à l'intention de toutes, qu'utiliser vos pouvoirs demande de l'énergie et de la force, ce que votre corps n'a pas en quantité inépuisable. Les utiliser à bon escient, voilà la clé de la sagesse. Mais vous, continua-t-elle en pointant le doigt vers les jumelles, vous vous épuisez outre mesure pour rien.

— Qui nous dit que vous ne mentez pas ? interrogea Alice. Vous êtes étrange, Tituba, et ce n'est pas que nous ne vous faisons pas confiance, mais…

— Idiotes ! Ne pouvez-vous pas sonder mon esprit afin de voir quelles sont mes intentions ? Y avez-vous vu quoi que ce soit qui dise que je vous enlèverai votre pouvoir à tout jamais ?

Penaudes, elles baissèrent la tête et maugréèrent un assentiment à Tituba. Celle-ci soupira et leur demanda de s'asseoir à ses pieds. Elle posa ses grosses mains sur chacune des têtes rousses et commença à parler dans cette langue étrange que Betty et Abigail avaient déjà entendue. Le vent soufflant assez fortement dans les arbres, elles ne saisirent que quelques mots, mais cela ne ressemblait à aucune langue qu'elles connaissaient. Lorsqu'elle eut terminé, Alice et Mary se relevèrent et, épouvantées, elles s'écrièrent :

— Mais nous n'entendons plus une seule pensée ! Vous nous avez menti !

Tituba leur lança un regard méprisant et leur dit :

— Décidément, je me demande parfois si vous méritez vos pouvoirs... Décidez d'entendre les pensées d'Abigail ! ajouta-t-elle, péremptoire.

— Pourquoi moi ? protesta l'intéressée.

Alice et Mary la fixèrent et se mirent aussitôt à rire. Abigail rougit violemment et marmonna :

— Je ne vois vraiment pas ce qu'il y a de drôle !

— Tu es amoureuse ! scanda Alice.

— Amoureuse ? s'étonna Tituba.

— Du jeune Ezra, l'apprenti de Hank, le boucher.

Abigail rougit de plus belle et s'éloigna sous le couvert des arbres en bredouillant quelques imprécations bien senties à l'endroit des jumelles.

— C'est mieux comme cela, n'est-ce pas, Alice ? demanda Mary.

— Oui, c'est sûr. Merci, Tituba, répondit Alice sans se préoccuper de la peine qu'elle venait de faire à Abigail. Quel était le sens des paroles que vous avez prononcées ?

— Oh ! Cela signifiait à peu près « Laissez en paix ces esprits tourmentés, car leurs pensées sont plus précieuses que celles d'autrui. Laissez-les choisir qui entendre ou elles seront menées à la folie. »

— Quelle est cet étrange langage que vous employez comme s'il s'agissait de votre langue maternelle ?

— On l'appelle la langue des esprits. Ma mère adoptive me l'a apprise.

— Je n'ai pas compris un traître mot de ce que vous avez dit.

Tituba haussa les épaules et retourna s'asseoir contre son tronc pour continuer à observer, sans se préoccuper de l'air ahuri des jeunes filles. Rebecca était seule dans son coin, accroupie, les yeux rivés au sol, les doigts dirigés sur de petits ennemis invisibles qu'elle semblait tuer avec beaucoup de dévotion. Son pouvoir était intéressant, mais Tituba se demandait si elle serait capable de tuer une bête plus grosse qu'un simple chien.

Les filles Parris avaient pour leur part développer une foule de petits sortilèges qui pouvaient être très utiles, comme faire apparaître une flamme dans leur main *(Flaemus)*, faire jaillir de l'eau de la terre *(Aquos)*, attraper des objets lointains *(Saisicus)*, rendre quelqu'un muet *(Mutanti)*, faire apparaître des papillons *(Papilionis Apparitio)* ce qui, Betty devait bien l'avouer, ne servait qu'à faire joli, et bien d'autres encore. Mais le sortilège préféré de Tituba était celui qui consistait à emprisonner quelqu'un dans une bulle d'air indéfectible *(Aerio Buloquo)*. Abigail parvenait à ce prodige. Non seulement cela faisait office de prison parfaite, mais cela pouvait aussi servir de bouclier. Tituba fut surprise de les entendre prononcer ces noms de sortilège qui leur semblaient parfaitement naturels. Elle pensait que les sorcières passant par la parole pour évoquer leurs sorts avaient disparu il y a fort longtemps. Si longtemps, en fait, qu'elle croyait à une légende. Apparemment, ces sorcières-là étaient de retour et la servante ignorait comment ce phénomène s'était produit. Ses apprenties avançaient à une vitesse prodigieuse. Abigail découvrit même comment changer quelqu'un en arbre en prononçant pour rire cette formule : *Arborstus Transfuto.*

La malheureuse Alice vit son corps devenir rugueux et plein d'aspérités tandis que des branches lui sortaient du corps. Elle hurla tellement que Tituba dut stopper le sortilège de peur que tout le village l'entende. Betty, elle, découvrit comment moduler l'air pour en faire des boules capables de mettre hors d'état de nuire quiconque l'embêtait. Et comme tous les sortilèges importants, celui-ci ne bénéficiait pas de formules mais était intrinsèque à celle qui le faisait.

Une nuit où chacune s'entraînait à ses sortilèges, Betty et Abigail engagèrent un petit duel innocent. Elles se placèrent à une distance respectable, car elles ne pouvaient pas encore jeter des sorts à des personnes trop loin d'elles, et se firent face. Les bras écartés, elles attendirent le signal de Tituba.

— *Aerio Buloquo!* s'exclama Abigail en même temps que Betty lui jetait sa boule d'air qui la propulsa en arrière et la fit tomber.

Sa chute fut amortie par les épais tas de feuilles mortes qui jonchaient le sol. Elle se releva aussitôt et se mit à courir pour se cacher derrière un arbre. En riant, Betty lui jeta au visage une nuée de papillons rouges et noirs, voletant dans tous les sens, aussi agaçants que des mouches. Abigail battit l'air autour de sa tête et Betty se tourna vers Tituba pour lui dire :

— Vous voyez que ça peut servir !

Tituba soupira et regarda comment Abigail allait s'en sortir. Celle-ci jeta le sort de l'arbre et tous les papillons tombèrent au sol, transformés en pousses de jeunes arbres. Au moment où Betty attaquait à nouveau, Abi leva la main au-dessus des pousses qui, en un instant, devinrent de majestueux bouleaux la protégeant du maléfice par leurs troncs épais. Elle se faufila entre eux, s'éleva dans les airs et virevolta autour de sa cousine qui ne pouvait plus l'atteindre. À vrai dire, Abigail était la première surprise. Elle volait. Le temps d'y réfléchir et sa concentration se relâcha. Elle plongea vers le sol, mais rectifia le tout en ne pensant à rien d'autre qu'à son vol. Betty ne lui jetait même plus de sorts, impressionnée. Lorsqu'elle atterrit, toutes la félicitèrent. En lui attrapant le bras pour la complimenter, Betty la rendit invisible. Étonnée, elle ne la lâcha même pas mais lorsqu'elle entendit un hurlement derrière elle, elle sursauta et se retourna. Ezra était là, Ezra qui s'enfuyait à toutes jambes, comme coursé par tous les démons de l'enfer. Tituba elle-même était abasourdie et ne savait que faire. Mary et Alice le prirent en chasse, mais il était bien trop agile. Rebecca se tourna vers Tituba et lui dit :

— Laissez-moi le tuer, il ne doit pas parler. Nous risquons nos vies. Je peux le tuer à cette distance mais s'il va plus loin il sera hors de ma portée.

— Non ! hurla Abigail qui n'avait toujours pas réapparu. Je vous interdis de lui faire du mal. C'est notre faute, notre faute à toutes ! Nous n'aurions pas dû nous croire à l'abri ici.

Mary et Alice revinrent bredouilles. Rebecca pesta car le garçon était maintenant trop loin.

— Séparez-vous toutes ! Rentrez chez vous. Il y a peu de chances qu'il se rappelle nous avoir vues, mais courez dans votre lit et ne sortez pas de votre maison. Ils seront bientôt là.

Toutes lui obéirent et Betty et Abigail suivirent Tituba en courant. Elles se précipitèrent à travers les champs, les herbes leur battant les bras, les jambes et le visage. Elles couraient à perdre haleine ; même Tituba ne semblait pas savoir quoi faire. Arrivées chez elles, elles se retournèrent et aperçurent déjà, sur le chemin qui conduisait au village, des torches et des lampes aux flammes vacillantes dans le ciel nocturne.

— Allez vous coucher et faites comme si vous dormiez depuis longtemps. Ils viendront sûrement vous chercher, soit eux, soit votre père. Espérons que ce soit votre père.

Betty et Abigail ne se le firent pas dire deux fois et se déshabillèrent en vitesse, rangeant leurs habits humides au fond de leur placard, revêtant leur chemise de nuit et s'enfonçant au plus profond des draps. Elles entendaient maintenant les cris des hommes qui approchaient.

— Es-tu bien sûr de toi, Ezra ? demanda Hank au garçon. Car s'il s'avère que tu t'es trompé, le révérend sera très mécontent. Et je ne sais pas quel sort il te réservera s'il apprend que tout est de ta faute.

— Je l'ai vue et vous savez que je ne mens jamais. Cette… sorcière, cracha-t-il, a fait disparaître Abigail. Elle doit être arrêtée.

— Elle est ton amie, mon enfant. Tu livres une amie aux inquisiteurs, te rends-tu compte ?

— Elle n'est plus mon amie depuis qu'elle a tué celle que j'aime.

Hank regarda le garçon, pensif. Puis en soupirant il continua de mener le petit bataillon d'hommes vers le domaine des Parris. Arrivés à la grille, ils la secouèrent pour réveiller le maître des lieux et ses domestiques. Une lampe s'alluma, puis deux, et finalement toute la maison s'éclaira. Le révérend Parris sortit en habit de nuit, furibond.

— Qu'est-ce que cela signifie ? hurla-t-il. Que venez-vous faire chez moi à cette heure ?

— Sir Parris, nous sommes navrés, mais le petit a quelque chose à vous dire.

Samuel Parris toisa le pauvre Ezra qui n'en menait pas large.

— J'ai vu... j'ai vu votre fille tuer miss Abigail. Je l'ai vu de mes yeux dans la forêt. Sir Parris, je crois que votre fille est une sorcière.

Le révérend devint rouge de colère et empoigna le col du jeune garçon qui roula des yeux, effrayé. Il le souleva de terre et le jeta aux pieds des hommes qui étaient restés en bas du perron.

— Comment osez-vous traiter ma fille de sorcière ?

— Révérend, commença une voix doucereuse, si vous nous laissiez l'examiner, nous pourrions mettre les choses au clair.

— Inquisiteur Patton, je me doutais bien que je vous retrouverais là. Vous êtes un charognard ! Tituba, hurla-t-il à l'adresse de la servante qui venait d'apparaître à ses côtés, allez me chercher mes filles que l'on rassure tous ces gens quant à leur santé ! Ils semblent beaucoup s'en soucier. Quant à toi, petit vermisseau, continua-t-il à l'adresse d'Ezra qui s'était redressé, ne t'avise plus de les approcher. Tu ne pourrais que leur nuire, je l'ai toujours dit.

Tituba redescendit l'escalier en tenant par la main chacune des filles Parris aux yeux voilés et à l'air ensuqué. Elles marchaient d'un pas lourd, comme encore endormies. Elles sortirent sur le perron et furent très étonnées de voir tout ce monde.

— Que se passe-t-il, papa ? demanda d'une voix basse Betty.

— Il se passe que votre grand ami Ezra vient de vous accuser de sorcellerie. Il affirme t'avoir vu TUER ta cousine. N'est-ce pas hilarant de la part d'un ami ?

Betty joua la personne abasourdie et fixa sur Ezra un regard plein de dédain. Abigail ne réussit pas à mimer aussi bien que sa cousine et, pour que personne ne voie ses yeux s'embuer, elle baissa la tête. Ezra était sidéré, au point de s'évanouir, et il fixait Abigail sans en croire ses yeux. Il l'avait vue disparaître. Hank le regardait avec tristesse et peine. Le reste des hommes se contentait de le considérer avec mépris.

— Maintenant, si vous voulez bien rentrer chez vous et nous laisser en paix, ma famille et moi, je vous en serai reconnaissant. J'espère qu'il y aura des sanctions. Je ne tolère pas les menteurs dans ma paroisse.

Après avoir fait rentrer Tituba et ses filles, il claqua violemment la porte derrière lui et remonta se coucher en fulminant. Dès qu'il fut hors de portée de voix, Tituba dit à ses protégées d'aller se coucher et de ne plus parler de cet épisode. Mais Abigail était en larmes car elle savait bien ce qui attendait Ezra. Betty tenta de la réconforter, mais rien n'y fit et la jeune fille s'endormit le visage baigné de pleurs.

Le lendemain eut lieu le jugement d'Ezra. Celui-ci avait été arrêté la veille au soir à son retour au village, mais il avait maintenu avec tant de virulence sa version des faits et s'était débattu si agressivement qu'il avait été décidé de le juger sans plus attendre. Ezra s'était énervé, avait tenté de s'enfuir. Il avait insulté tous ceux qui lui disaient de se calmer, y compris Hank, et il était tellement furieux et acharné qu'il avait fallu trois hommes pour le maîtriser. Il avait finalement été jeté comme un malpropre dans une des geôles de la prison improvisée de Patton et ses hommes.

Lorsque le soleil fut à son zénith, Ezra, qui n'avait pas fermé l'œil du reste de la nuit, fut extirpé de son cachot et à moitié tiré, à moitié porté par deux inquisiteurs dans le tribunal qui n'avait de tribunal que le nom. Il était constitué de quelques chaises disséminées, d'une estrade laborieusement montée et d'un vieux bureau mangé par les mites et branlant. L'inquisiteur Patton présidait l'audience et, dans la salle, Ezra vit Hank qui lui fit un signe de tête encourageant. Il y avait aussi le révérend Parris, qui semblait moins hostile que la veille mais passablement énervé. Les filles n'étaient pas là ; il se doutait bien qu'elles n'allaient pas venir mais il leva quand même la tête vers les fenêtres dans l'espoir d'apercevoir Abigail. Il chassa finalement cette idée de sa tête. C'était de sa faute à elle s'il était là maintenant !

Il s'assit à la place des accusés, les mains enchaînées, encadré par ses deux geôliers.

— Accusé, levez-vous, dit Patton d'une voix narquoise.

Ezra obtempéra.

— Révérend Parris, de quoi accusez-vous ce jeune homme ?

— De mensonges et de trahison envers Dieu par ses affabulations. D'avoir voulu entacher la réputation de mes filles et, ainsi, de ma famille.

— Très bien. Accusé, avez-vous quoi que ce soit à déclarer ?

— Je jure avoir dit la vérité, sir Patton. Je vous ai raconté ce que j'ai vu. Je ne sais pas par quel miracle miss Abigail est réapparue. Je n'ai qu'une explication.

— Quelle est-elle, jeune homme ?

— Elle doit être elle aussi une sorcière.

Sa déclaration provoqua les rugissements du révérend qui se précipita vers le banc des accusés. Les deux hommes qui encadraient Ezra durent lui barrer le passage pour l'empêcher d'empoigner et de frapper le jeune homme. Mais celui-ci ne baissa pas les yeux et, le port fier, il regarda le révérend se débattre entre les bras des inquisiteurs.

— Il suffit ! cria Patton. Révérend Parris, retournez à votre place si vous ne voulez pas finir au fond de nos cachots. Et toi, ajouta-t-il en pointant Ezra, c'est ta dernière chance de te sauver. Avoue avoir menti et ta peine sera moindre. Persiste, et ce sera la prison pour une durée disons... indéterminée, conclut-il, le sourire aux lèvres.

— Je maintiens mes affirmations et je jure devant Dieu avoir dit la vérité. Je n'ai jamais menti et, si j'ai fait ça, c'est parce que j'aime miss Abigail. Fou de douleur de l'avoir vue disparaître devant mes yeux, terrifié à l'idée qu'elle venait de mourir, je me suis précipité vers vous pour avoir de l'aide et pour que justice soit faite. Et voilà tout ce que je récolte !

— Tu persistes donc.

— Oui ! clama Ezra d'un ton de défi.

— Alors l'audience est levée. Emmenez-le dans ses nouveaux quartiers, messieurs.

Ezra ne se débattit même pas. En levant les yeux, il aperçut le visage d'Abigail derrière la vitre, baigné de larmes, les doigts serrés en un poing plaqué sur sa bouche. Il lui jeta un regard si vide et si méprisant à la fois qu'elle s'enfuit à toutes jambes. Sans douceur, Ezra fut jeté dans le cachot et, lorsque la grille se referma sur lui, il pleura. Les rats allaient être ses compagnons de douleur désormais..

Dehors, Betty, qui serrait Abigail dans ses bras, lui dit :

— Nous ne pouvions rien faire. Ezra est emprisonné mais vivant, nous pourrons peut-être le sortir de là. Si nous avions avoué, ils nous auraient tuées. Nous sommes tous vivants et c'est là une bonne chose.

— Vivant et dans une cage, tu trouves ça bien, toi ?

— Tituba nous aidera, j'en suis sûre. En attendant, il faut nous faire oublier un moment. Rentrons.

Aussitôt chez elles, Abigail déclara ne plus vouloir avoir quoi que ce soit à faire avec la magie. Elle monta se coucher et ne sortit plus de sa chambre de la journée. Betty n'alla pas la déranger et Tituba lui assura qu'il faudrait du temps, mais que cela lui passerait. Quant à la requête de Betty d'aller délivrer Ezra, elle lui déclara fermement que ce n'était pas possible.

— Mais pourquoi ? s'exclama Betty, indignée.

— Pourquoi ? Mais que sortirait-il de bon de la libération d'Ezra ? De son évasion ?

— Abigail serait heureuse.

— Heureuse ? Mais, ma pauvre enfant, vous croyez que si Ezra s'échappe, Patton oubliera l'histoire ? Ezra sera obligé de se cacher, et sans doute de fuir. Il ne reverra pas Abigail.

— Mais là, combien de temps va-t-il croupir en prison ?

— Il sortira plus tôt que tu ne le penses. Les inquisiteurs auront bientôt besoin des geôles pour y emprisonner des femmes. Il nous faut être patientes. Notre heure arrivera.

15

Abigail avait pleuré toute la nuit et Betty avait bien failli l'accompagner après ce que Tituba lui avait dit. Elles avaient trahi Ezra, leur ami. Le matin, Abigail refusa de parler à qui que ce soit et le révérend interrogea Betty sur l'attitude de sa nièce.

— Allons, papa, tu ne vois donc pas ce qui la rend triste ? lui demanda-t-elle, indignée. Tu as condamné le garçon dont elle est amoureuse à la prison. Tu l'as livré à l'inquisiteur Patton. N'est-ce pas une raison suffisante pour qu'elle pleure et se taise ?

Elle partit, furieuse contre elle pour l'injustice dont elle venait d'accabler son père. Si quelqu'un était responsable de ce qui s'était passé, c'était elle et personne d'autre. Elle monta dans sa chambre pour tenter de consoler Abigail. Mais celle-ci, le visage enfoui dans son oreiller, ne répondit à aucune des questions de sa cousine. Betty soupira, puis descendit au jardin et s'allongea dans l'herbe fraîche. Il avait gelé la nuit précédente et la pelouse était encore humide, mais elle y resta quand même. Tout avait mal tourné ; Tituba lui avait bien dit qu'il fallait s'y attendre, qu'elles n'auraient pas pu rester indéfiniment en sécurité dans la clairière. Il fallait maintenant espérer qu'Ezra n'avait pas parlé de leur lieu de rencontre.

Abigail passa plusieurs jours dans un mutisme obstiné, et au bout d'un certain temps, plus personne ne s'épuisa à essayer de la faire parler. Mais un jour, alors qu'on ne s'attendait plus à la voir ouvrir la bouche, elle dit à Tituba :

— Vous avez dit que l'ensorcellement était un acte irrémédiable. Mais rien ne nous empêche de faire comme si nous n'avions pas de pouvoirs, n'est-ce pas ? Ils seront toujours là mais, si nous ne les invoquons pas, il n'y a aucune raison pour qu'ils sortent.

— Oui, miss Abigail. Personne ne vous oblige à les utiliser, lui répondit Tituba pas plus étonnée que ça d'entendre la voix de la jeune fille.

Sans un mot de plus, Abigail repartit.

— Mais comme vous l'avez dit, ajouta la servante, ils seront toujours là car ils font désormais partie de vous. Tôt ou tard, ils feront leur réapparition.

Mais Abigail ne se retourna même pas. Elle remonta dans sa chambre pour faire part de sa décision à Betty. Celle-ci l'écouta attentivement et pensa que son devoir était d'épauler sa cousine. Alors elle lui jura qu'elle non plus n'utiliserait plus ses pouvoirs. À partir de ce jour, Abigail sembla aller mieux et les deux filles recommencèrent à jouer innocemment, le cœur serré à cause de l'absence de leur ami.

Le soir même, Tituba se rendit dans la forêt de Belwack sans les filles. Il était risqué de se réunir de nouveau mais Ezra, dans son excitation, n'avait pas pensé à parler de l'endroit où il les avait trouvées. Il n'avait même pas mentionné la présence des quatre autres femmes et elles avaient attendu avec appréhension qu'on vienne les interroger ou les arrêter. Mais le temps passait, et aucune n'avait vu les inquisiteurs se précipiter chez elles ; alors elles avaient décidé de se retrouver. Lorsque Tituba arriva dans la clairière, Rebecca Nurse était déjà là en train d'allumer un feu. Rebecca pouvait certes jeter des sorts de mort foudroyants et à des distances peu communes, mais aucun autre pouvoir ne s'était révélé à elle. Or, ce soir-là, Tituba eut la surprise de la voir allumer le feu juste en soufflant sur les branches sèches.

— Où sont les filles ? Elles ne viennent pas ce soir ?

— Ni ce soir ni les autres, semble-t-il, lui répondit Tituba, la voix pleine de lassitude.

— Comment ça ?

— Elles abandonnent. Elles ne veulent plus exercer leurs pouvoirs.

— Comment osent-elles nous braver avec autant d'affront ? tempêta Rebecca, au bord de l'hystérie. Pour qui se prennent-elles ? Se croient-elles mieux que nous ?

— Là n'est pas la question, la calma Tituba, étonnée par sa virulente réaction. À cause de leurs pouvoirs, elles ont perdu un ami.

— Elles n'ont pas le droit d'abandonner, de nous abandonner. Ce sont des sorcières. Nous avons besoin d'elles.

— Calmez-vous, Rebecca, ordonna sévèrement Tituba. Je ne sais quel dessein vous fomentez dans votre coin, mais en aucun cas les filles Parris n'en feront partie. Votre but semble bien différent du leur et du nôtre aussi. Je ne sais quelle bataille vous avez entreprise et je ne vous dirai pas de l'abandonner. Mais je vous demande de nous laisser en dehors de votre croisade.

Furieuse, Rebecca donna un coup de poing dans les flammes, ennemies immatérielles, et le brasier s'attisa d'un coup, produisant des langues de feu gigantesques qui vomirent une fumée noire et épaisse qui s'envola au-dessus de la cime des arbres.

— Arrêtez ça tout de suite ou nous aurons le plaisir de voir arriver quelques inquisiteurs.

— Je n'en ai que faire !

Tituba perdit son calme et l'empoigna par le devant de sa robe, les yeux jetant des éclairs. Serrant les dents, elle gronda :

— Alors, courez à votre perte mais ayez la bonté de le faire seule.

Elle la lâcha en la repoussant violemment et Rebecca s'étala de tout son long par terre. Les deux femmes soutinrent le regard l'une de l'autre, vrombissantes de haine et de fureur. Lorsque les jumelles Parker arrivèrent, elles les trouvèrent dans cette étrange position. Tituba toisait de toute sa taille Rebecca, qui n'avait pas encore pris la peine de se relever.

— Mais que se passe-t-il ici ? demanda Mary.

— Rien d'important, lui répondit Tituba, doucereuse.

Rebecca baissa le regard et se redressa en une position plus digne.

— Où sont Betty et Abigail ? interrogea Alice.

— Elles ne viendront plus.

— Oh, comme je les comprends ! Ça ne doit pas être facile pour elles. Pauvres petites ! Pourrions-nous aller les voir, Tituba, ou pensez-vous que ce soit trop risqué ?

— Vous ne devez pas vous approcher d'elles. Je crois qu'elles sont encore surveillées par les inquisiteurs. Ils ont beau penser qu'Ezra a menti, ils cherchent par tous les moyens à arrêter les filles et ainsi à discréditer le révérend Parris.

Les jumelles hochèrent la tête tristement tandis que Rebecca Nurse souriait fugitivement. Une idée semblait avoir germé dans son esprit. Les sorcières s'entraînèrent quelque temps sans que le cœur y soit vraiment. Les rires des jeunes filles manquaient cruellement à l'ambiance tendue et sombre de la clairière. Finalement, Alice et Mary rentrèrent chez elles au bout d'une heure, laissant de nouveau Tituba et Rebecca entre elles. L'imposante servante barbadienne s'approcha de la petite boulangère et, pointant le doigt vers son visage, elle murmura :

— Ne vous avisez pas de leur nuire, Rebecca, car vous vous heurterez à moi et mes pouvoirs dépassent tout ce que vous pouvez imaginer. Je ne vous invite pas à essayer pour voir, vous seriez surprise. Vous n'avez aucun remords à tuer des animaux ; moi, je n'en ai aucun à faire disparaître les perfides et les déloyaux. Souvenez-vous-en.

Elle tourna les talons et sortit de la clairière sans plus regarder Rebecca qui n'avait pas bougé mais qui la fixait d'un air si haineux que l'air, un instant, trembla et se transforma en flèches meurtrières fusant vers le large dos de Tituba. Mais elles se désagrégèrent avant de la percuter. Tituba ne sentit rien, mais le petit sourire qu'elle avait aux coins des lèvres ne fit aucun doute. Elle savait ce que venait de faire Rebecca et cela ne lui plaisait pas du tout.

Rebecca rentra chez elle, furieuse et humiliée. Les petites Parris se trouvaient sans doute trop bien pour rester avec elle. Eh bien, elles allaient voir de quoi elle était capable. Elle n'avait pas fait tout ce chemin, elle n'avait pas autant progressé pour que ces deux gamines fassent les dédaigneuses. En fait, elle ne comprenait pas bien elle-même pourquoi elle était aussi agacée par ces deux filles. Peut-être parce qu'elles étaient tout ce qu'elle n'avait jamais été et ne serait jamais. Depuis qu'elle avait tué ce chien dans l'espoir de toutes les impressionner, elles n'avaient fait que s'éloigner d'elle, la prenant pour un monstre de cruauté. Mais malgré ce triste épisode, aucune n'avait été capable de faire le rapprochement entre la disparition d'hommes du village et elle. Sa grande vengeance avait commencé et elle avait tué plus d'un homme qui l'avait autrefois martyrisée. Ces hommes étaient sans importance, et avec le procès d'Ezra, son emprisonnement et la chasse aux sorcières qui perdurait, personne n'avait fait attention à eux qui, du jour au lendemain, avaient étrangement déserté leur maison. Sans travail et sans famille, ils avaient été des proies faciles. Il restait encore son mari, mais il était trop risqué de le faire disparaître maintenant. En attendant, elle allait se pencher sur les cas d'Abigail et de Betty. Depuis qu'elle avait quitté la forêt, elle nourrissait l'envie de les faire se trahir en public. Cela ne devrait pas être bien difficile. Les jeunes filles se serviraient aussitôt de leur pouvoir dans le cas où quelqu'un serait en danger, homme ou animal. Ces petites étaient tellement naïves ! Rebecca éclata d'un rire cruel car une idée venait de poindre dans son esprit. Oui, cela pouvait marcher. Il suffisait que toutes les trois se trouvent au même endroit au même moment. Et ce n'était pas si difficile. Les filles Parris venaient souvent chercher du pain pour miss Salinger. « Patience, s'exhorta-t-elle. Patience, mon heure viendra. »

Abigail et Betty savaient que Tituba était allée rejoindre Rebecca Nurse et Alice et Mary Parker la veille au soir, mais elles ne lui posèrent aucune question et ne réagirent même pas quand la servante leur dit que les jumelles avaient été très attristées par leur absence. Elles avaient décidé de rayer complètement de leur vie tout ce qui les rattachait à la magie et, même si cela était plus difficile pour Betty que pour Abigail, toutes deux s'étaient attelées à la tâche avec beaucoup de volonté. Leurs journées étaient redevenues aussi banales qu'avant l'arrivée de Tituba. Elles jouaient beaucoup, du moins donnaient-elles l'impression qu'elles s'amusaient. Elles se tenaient assez éloignées du village et vagabondaient dans les alentours de la maison. Le révérend ne s'occupait plus d'elles et ne leur disait plus de rester à la maison et d'accomplir toutes sortes de corvées. Abigail refusait de lui parler et il soupirait chaque fois que ses questions restaient sans réponse.

Ce jour-là, toutes deux traînaient dans la maison comme deux âmes en peine. Il faisait frais et un vent violent soufflait dehors. Elles n'avaient rien envie de faire et ni Cathy ni Tituba ne voulaient les occuper, alors elles erraient dans l'espoir de trouver quelque chose qui les distrairait. Ce fut finalement miss Salinger qui les sauva.

— Mes enfants, seriez-vous assez aimables pour aller me chercher quelques gros pains à la boulangerie ?

Betty protesta pour la forme, mais miss Salinger savait qu'elles appréciaient ce genre de corvées.

— Mais vous avez vu le vent qui souffle ? Nous risquons de nous envoler comme des fétus, et alors comment feriez-vous ? Vous n'auriez plus ni pains ni enfants dans les jambes !

— Je pense que je me déplacerais moi-même jusqu'à la boulangerie, lui répondit miss Salinger, espiègle.

Betty lui tira la langue et tendit sa main dans laquelle la joviale cuisinière mit quelques shillings.

— Prenez-moi quatre ou cinq grosses miches de pain blanc, s'il vous plaît.

Les deux filles s'habillèrent plus chaudement et enfilèrent un chapeau doublé de velours qui leur tiendrait chaud aux oreilles, puis elles sortirent affronter le vent. Les hautes herbes étaient couchées par les rafales, frôlant le sol, et les feuilles mortes virevoltaient dans les airs. Betty et Abigail marchèrent en retenant les pans de leurs robes qui voletaient autour d'elles, menaçant de se soulever, et se déplacèrent courbées en deux jusqu'au village. Elles se précipitèrent dans la boulangerie pour une petite accalmie et réclamèrent à Rebecca Nurse ce que leur avait demandé miss Salinger. Rebecca avait violemment sursauté à leur entrée dans la boutique, mais les filles prirent cela uniquement pour de la surprise et non de l'excitation. Elles furent quand même étonnées de la façon dont elle les fixa pendant tout le temps où elles se trouvèrent en face d'elle. Comme les demoiselles Parris avaient les bras chargés des pains, Rebecca se précipita pour les aider à ouvrir la porte. Elle se proposa même de les accompagner un bout de chemin.

— Non, c'est gentil, Mrs. Nurse, mais ne vous dérangez pas pour nous. Qu'allez-vous faire de votre magasin pendant ce temps ?

— Je peux très bien le fermer quelques minutes sans que personne s'en aperçoive. J'ai d'ailleurs besoin de marcher un peu.

Abigail n'insista pas mais elle était mécontente. Elle ne voulait pas parler avec Rebecca Nurse. Elle ne l'aimait pas beaucoup et, en plus, cette dernière était une sorcière. Or, elle ne voulait plus rien avoir à faire avec les sorcières. Elle s'éloigna un peu et resta en retrait tandis que Rebecca mettait Betty au courant des derniers événements. Mais celle-ci, à l'instar de sa cousine, n'avait que faire des propos de la boulangère et elle faisait mine de l'écouter en jetant régulièrement des regards atterrés à Abigail qui riait sous cape derrière elles. Toutes trois arrivèrent bientôt sur la place du village encombrée d'une imposante fontaine inaugurée depuis la vague d'incendies qui avait marqué le village.

— Je vous laisse ici, les filles. Je retourne travailler. Passez une bonne journée et dites bonjour de ma part à miss Salinger et à Tituba.

Et elle s'éloigna avant que Betty ou Abigail n'aient pu marmonner un mot d'au revoir. Il ne se passa pas plus d'une minute avant que des cris retentissent dans leur dos. Se retournant, elles découvrirent avec horreur un feu qui s'était déclenché dans une maison sur la place du village. Une maison haute de deux étages dont les flammes dépassaient déjà le toit. Betty en lâcha ses pains de surprise et interrogea Abigail du regard.

— On ne peut rien faire… commença celle-ci, incertaine.

— Je sais que tu ne veux plus, mais il s'agit d'une urgence, non ? lança Betty. Ce serait criminel de notre part de les laisser se débrouiller. L'incendie est tellement avancé qu'il risque de se propager à toutes les habitations qui touchent celle-ci. Nous… nous devons faire quelque chose !

Abigail soupira.

— Mais tout le monde risque de nous voir. Tu as vu l'attroupement qu'il y a déjà ? Nous allons finir en prison !

— Peut-être pourrions-nous faire jaillir l'eau de sous la maison, sous le feu. Les gens n'y verraient qu'un miracle.

En soupirant, Abigail accepta de faire ce que demandait sa cousine. Elles se mirent toutes les deux côte à côte, les yeux fixés sur les gigantesques flammes de l'incendie déchaîné. Tendant discrètement la main sous leur sac de pains, elles murmurèrent la formule *Aquos*. Elles étaient terrorisées à l'idée que l'eau jaillisse de leur paume, ce qui les aurait trahies devant tout le village. Mais contre toute attente, elles firent fuser, des entrailles de la maison, un geyser d'eau aussi grand que les langues de feu. Une exclamation unanime retentit dans la foule, triste spectatrice du désastre. L'eau était si puissante qu'elle éclaboussa tous les gens autour. Et en quelques minutes le feu ne fut plus qu'un mauvais souvenir. Il ne restait que quelques flammèches ici et là qui furent vite réduites à néant par les villageois. La maison, par contre, n'avait pas survécu à un feu d'une telle puissance. Si ses habitants étaient sains et saufs, ils avaient tout perdu. Abigail et Betty décidèrent de s'en aller rapidement. Il n'était nul besoin d'attirer l'attention. Elles se préparaient à partir quand un mouvement à l'écart de la foule attira leur attention. Rebecca Nurse était là et elle les regardait avec une telle haine dans le regard qu'elles en frissonnèrent. Elles s'éloignèrent précipitamment et retournèrent chez elles sans perdre de temps en route.

— C'était elle, n'est-ce pas ? demanda Abigail sur le chemin du retour. C'est elle qui a déclenché l'incendie !

— Mais Rebecca n'a jamais eu le pouvoir de créer du feu ! protesta Betty. Nous l'aurions su !

— Comment ? Cela fait plusieurs réunions que nous manquons et nous ne demandons même pas à Tituba ce qu'il s'y passe. Tu as vu comment elle nous regardait ?

On aurait dit qu'elle était déçue que ça n'ait pas marché comme elle l'avait espéré.

— Comment as-tu pu voir tout ça dans son regard à une si grande distance et en si peu de temps ?

— C'est une intuition, Betty ! Je crois qu'elle veut nous nuire. Tu te souviens, elle était souvent irritée après que nous nous fûmes éloignées d'elle parce qu'elle avait tué le chien.

— Je ne vois pas pourquoi elle nous en voudrait à nous et non pas aussi aux jumelles. Après tout, elles aussi n'ont plus parlé que de banalités avec Rebecca.

— Les jumelles n'étaient pas là aujourd'hui ! s'énerva Abigail.

— Ne t'emporte donc pas ! Nous irons en parler à Tituba dès que nous serons à la maison. Elle pourra nous éclairer.

— Non, pas question que nous lui en touchions un mot !

— Mais pourquoi ça ?

— Je ne veux plus entendre parler de magie. Ce que nous avons fait là est, pour ma part, le dernier sort que j'aurai jeté.

— Tu ne veux pas savoir pour Rebecca ?

— Non, je sais ce que j'ai vu. Je compte me tenir très loin d'elle maintenant.

— Le village n'est pas très grand. Tôt ou tard, nous la reverrons.

— Espérons que ce sera tard, très tard.

Et elle partit au-devant de Betty d'un pas saccadé et crispé.

Pendant les jours qui suivirent, Abigail resta loin de Tituba et ne se rendit pas au village. Même Betty avait du mal à l'approcher. Mais la messe du dimanche arriva, et Abigail ne pouvait demander au révérend de l'en dispenser. Ce n'était jamais arrivé depuis qu'elle habitait chez lui et demander à un homme de Dieu de ne pas entendre les chastes paroles spirituelles relevait d'une audace dont elle ne bénéficiait pas. Ayant revêtu sa plus belle robe couvrant ses bras, ses jambes et son cou, elle releva ses cheveux en un chignon qu'elle camoufla sous son chapeau blanc assorti à sa toilette. Betty était ravissante aussi. Samuel Parris n'aurait jamais toléré que ses filles se présentent dans la maison de Dieu en guenilles. Elles assistèrent donc à la messe, cherchant du regard Rebecca Nurse pour se tenir loin d'elle. Lorsqu'elles sortirent de l'église, en compagnie de Tituba, de miss Salinger, de Cathy et de tous les domestiques de la maison Parris, elles embrassèrent le révérend et voulurent se précipiter pour sortir du village. Mais Samuel Parris les exhiba devant ses paroissiens, vantant les mérites d'une vie disciplinée et respectueuse envers Dieu. Betty et Abigail étaient habituées à ce genre de spectacle. Il les utilisait à presque chaque messe dominicale, mais aujourd'hui, elles trouvaient cela insupportable et trépignaient dans l'attente de filer rapidement de cet endroit. Le révérend s'en aperçut et se pencha vers elles, souriant en apparence, bouillant intérieurement.

— Puis-je savoir pour quelle raison mes filles se comportent aussi mal aujourd'hui ? Allez-vous arrêter de gigoter ?

— Papa, je dois me rendre... enfin, tu vois... je dois aller au petit coin, et cela, depuis le début de ton sermon. Je pense que j'ai assez attendu. Abigail veut m'accompagner à la maison pour que je puisse me soulager. Y vois-tu un inconvénient ?

Gêné, celui-ci leur fit signe de filer. Elles firent une révérence rapide et s'éloignèrent en courant sous l'œil suspicieux de Tituba qui n'avait pas cru un seul des mots prononcés par Betty.

Les deux filles ralentirent l'allure et regardèrent derrière elles pour voir si elles n'étaient pas suivies. Lorsqu'elles se retournèrent, Rebecca était face à elles, droite, fière et imposante. Les mains sur les hanches, un sourire cruel flottait sur ses lèvres.

— Comment avez-vous fait ça ? demanda Abigail.

— Il semblerait que je dispose de nouveaux pouvoirs. Mais comment le sauriez-vous ? Vous nous avez rejetées comme de vulgaires rebuts !

— Rebecca, nous avons une bonne raison d'avoir tout arrêté. Et il ne s'agit pas de rejet envers vous ou qui que ce soit d'autre. Notre ami est en prison par notre faute !

— Cela vous plairait-il de le rejoindre ? susurra Rebecca, doucereuse.

Elle s'accroupit devant elles pour que les paroissiens ne l'aperçoivent plus et, tendant la main entre les deux filles, elle invoqua sa puissance.

— Ne faites pas ça, Rebecca ! l'implora Betty.

Mais il était déjà trop tard et le sort de mort fusa de la main de Rebecca, presque matériel, presque visible. Betty poussa violemment sa cousine qui tomba à terre et elle-même s'écarta de Rebecca qui redevint visible à tous. Le sort toucha une vieille dame parlant avec ses amies, et lorsqu'elle s'écroula, raide morte à leurs pieds, elles hurlèrent en désignant Rebecca qui, épuisée par la puissance du sortilège, n'arrivait pas encore à se relever. Tituba accourut et releva les deux jeunes filles pour les attirer à elle. Rebecca était haletante à leurs pieds et elle leur jeta un regard par en dessous si virulent, si plein d'antipathie, que Betty et Abigail s'attendirent à être foudroyées sur-le-champ. Au lieu de ça, des inquisiteurs s'emparèrent de Rebecca et la traînèrent sans douceur devant Patton qui ne fit que le geste de la balayer de la main. Elle fut tout de suite emmenée à la prison. Le révérend qui avait couru après Tituba serrait maintenant ses filles dans ses bras. Mais celles-ci n'avaient d'yeux que pour Rebecca qui les fixait encore, un rire dément figé sur les lèvres, les yeux roulant dans leurs orbites et la bave coulant de sa bouche. La folie venait de l'emporter.

15

Après l'épisode Rebecca, Abigail et Betty s'enfermèrent plus encore et demandèrent à Tituba de leur enlever leurs pouvoirs. Mais Tituba les avait prévenues lors de l'ensorcellement, elles ne pouvaient plus retourner en arrière. Abigail le vécut très mal ; Betty, elle, tenta tout simplement d'oublier. Elles vaquaient à leurs occupations, faisaient la cuisine, apprenaient encore à coudre, jouaient dehors. La forêt de Belwack n'avait plus jamais attiré leurs jeux, elles se rendaient exclusivement au bois de Kyron. La première couche de neige était tombée, recouvrant d'une mince pellicule immaculée les environs. Bien sûr, il était encore trop tôt, les premières vraies neiges n'arriveraient pas avant la veillée de Noël. Mais dès que les flocons avaient commencé à s'assoupir sur la terre dure et gelée, entrelacs de cristaux fragiles et humides, Abigail et Betty avaient revêtu un manteau doublé et des bottes fourrées et s'étaient empressées de laisser leur marque dans la fine couche de neige. Elles étaient rentrées les joues rosies par l'air froid, le nez rouge de plaisir en déplorant qu'il n'y ait pas plus de neige.

— Nous aurions pu faire un bonhomme de neige et des batailles. Oh ! Avez-vous déjà fait l'ange, Tituba ? Vous savez ? Vous vous allongez dans la neige bras et jambes écartés et vous les bougez comme si vous vouliez voler !

— Allons, allons, miss Parris, la calma Tituba, attendrie, ce n'est que le début d'un long hiver. Je ne m'inquiète pas quant aux quantités de neige que nous aurons et vous aurez tout le loisir de courir partout.

— Et la luge, Tituba ? La luge ! Oh ! Papa nous construira sans doute encore cette année une petite butte où nous pourrons glisser. Peut-être nous permettra-t-il d'aller dans les collines environnantes !

Abigail était aussi excitée que sa cousine, mais plus taciturne. Et pendant que Tituba les déshabillait, ce qui n'était pas une mince affaire avec Betty qui gigotait dans tous les sens et mimait des courses de luges, elle réfléchissait et s'interrogeait. Est-ce que demander la libération d'Ezra pour la Noël lui serait accordé ? Elle se douta que non et se résigna à ne pas même essayer. Tituba leur dit de filer à la cuisine car miss Salinger leur avait préparé des madeleines au citron et du chocolat chaud. Elles y coururent en toute hâte. À ce moment-là, la grande porte s'ouvrit à la volée et dans la maison pénétra un étrange sapin immense avec deux bottes. Il soufflait et ahanait un son caverneux.

— Bon Dieu, mais aidez-moi ! jura-t-il.

— Voyons, sir Parris, un homme de Dieu ne doit pas blasphémer !

Tituba tira de toutes ses forces tandis que Samuel Parris poussait sur le sapin pour le faire passer par l'encadrement de la porte. Au bout d'intenses efforts, le sapin fit une entrée fracassante, semant sur le plancher de multiples épines d'un vert profond. Libéré de toutes entraves, l'arbre se déploya. Huit pieds de haut sur quatre de large, c'était le plus beau sapin de Noël qu'eussent jamais vu les filles qui étaient sorties de la cuisine, attirées par le vacarme. Elles sautèrent dans les bras de Samuel Parris qui les embrassa tendrement, les serrant doucement contre lui.

— Allez vite me chercher toutes les décorations, mesdemoiselles, et que ça saute ! Un aussi beau sapin n'attend jamais !

Dans des hurlements de joie, elles coururent dans tous les sens avant de se faufiler par la porte du salon et d'entrouvrir avec fracas toutes les portes des placards. Tituba alla les rejoindre en soupirant déjà devant l'étendue des dégâts qu'elles avaient sans doute faits. Avant de passer la porte, elle se retourna et demanda au révérend :

— Où avez-vous trouvé un aussi beau sapin, sir Parris ?

Celui-ci, espiègle, des flocons dans les cheveux et les joues roses, lui fit un clin d'œil et lui répondit :

— Si je vous le dis, vous me promettez de garder ça secret ? Les filles ne doivent pas savoir. Mais je suis assez fier de moi.

Tituba accepta en silence et attendit.

— L'inquisiteur Patton a reçu un chargement en provenance de Boston. Tout ce qu'il fallait pour les fêtes pour lui et ses hommes de main. Par une malencontreuse erreur, le carrosse contenant tout ça s'est présenté à l'extérieur du village et non devant la prison comme il en avait été convenu. Heureusement, un brave homme était là pour tout récupérer et le rapporter à Patton.

— Mais sir, Patton saura que c'était vous ! Le coche lui aura dit ! Ils vont venir ici !

— Ma chère Tituba, ne croyez pas que je sois un imbécile !

Sur ces paroles, il ouvrit son épais et luxueux manteau sous lequel se trouvaient des habits en lambeaux, des bas troués et des bottes éculées.

— Mais votre visage ?

Il sortit de sa poche une horrible perruque de cheveux emmêlés et la coiffa.

— Me reconnaissez-vous ?

— Je dois avouer que si on ne vous regarde pas attentivement, je ne vois là qu'un pauvre hère.

— Et ce n'est pas tout, ajouta Samuel Parris en riant. Je lui ai subtilisé quelques denrées rares par ici.

Et il lui présenta une boîte de truffes, du caviar et une belle bouteille de champagne.

— Avec un aussi beau sapin, il nous fallait un accompagnement. Ce cher Patton n'y verra que du feu ! Sauf pour le sapin évidemment, mais qu'est-ce qui ressemble le plus à un sapin qu'un autre sapin ?

Il s'esclaffa de nouveau et s'en alla rejoindre ses filles qui avaient commencé à trier les décorations. Des domestiques arrivèrent et, tant bien que mal, ils transportèrent l'immense sapin dans le grand salon.

Le soir, le sapin était resplendissant de guirlandes, de boules décorées et de chandelles. L'étoile qu'il portait était magnifique ; elle avait été taillée dans une épaisse branche par Giles Corey, le vieux jardinier de la famille Parris. Il l'avait sculptée le soir de la naissance de Betty en lui demandant de veiller sur elle. Souvent, lorsqu'elle était petite, il lui racontait cette histoire et de quelle façon l'étoile s'était soudain illuminée après son vœu pour s'envoler juste au-dessus du berceau de Betty, répandant sur elle des milliers de paillettes d'or porteuses de chance et de bonheur. Encore maintenant, Betty croyait à cette histoire, et même Abigail demandait à Giles Corey de la raconter. Elles déploraient l'absence du jardinier. Cela faisait plus d'un mois qu'il était rentré au chevet de son père mourant. Mais son étoile trônait maintenant dans le salon, splendide comme jamais au-dessus du plus grand sapin qu'elles eussent jamais vu. Tous étaient en train de le contempler, maître des lieux et domestiques, enfants et adultes, quand de violents coups résonnèrent contre la porte d'entrée. Tituba jeta un regard ironique à Samuel Parris qui, tout à coup moins serein, alla ouvrir lui-même la porte. Un homme affolé, l'air passablement fou, se tenait sur le perron. Dès que la porte s'ouvrit, il se précipita à l'intérieur et s'écroula contre le révérend en sanglotant. Les domestiques se ruèrent au secours de leur maître, mais celui-ci leur fit signe de reculer.

— Que vous arrive-t-il, cher ami ?

Il s'agissait d'Edward Bishop, un des éleveurs de Salem. Il pleurait si fort que des larmes et de la salive commençaient à maculer le beau pardessus de Samuel Parris qui n'avait pas encore pris le temps de l'enlever.

— Mon troupeau... mes bêtes... elles sont... toutes... elles sont... hoqueta-t-il. Elles sont toutes mortes ! hurla Edward. Décimées, mes pauvres vaches ! Pas une survivante !

Les domestiques se regardèrent. Les récoltes n'avaient pas été probantes et l'hiver arrivait à grands pas. Hank n'irait donc plus chasser et les bêtes d'Edward étaient souvent rachetées par le boucher en temps de disette. Mais il semblait que cet hiver, tout viendrait à manquer. Samuel Parris mena Edward Bishop dans le grand salon et le fit asseoir dans un fauteuil. Miss Salinger arriva aussitôt avec un verre d'alcool de prune qu'elle tendit au pauvre éleveur. Celui-ci l'accepta avec reconnaissance, le vida d'un trait et parut reprendre des couleurs.

— Maintenant racontez-moi, l'encouragea le révérend d'une voix douce.

— Ce matin encore, elles étaient toutes en pleine forme. Elles ne m'avaient jamais donné autant de lait. Je leur ai donné à manger la même chose que d'habitude et à boire de l'eau qui provient de la rivière. C'est en fin de journée que tout a commencé. De gros boutons noirâtres sont apparus sur le poitrail de quelques bêtes, et quelques heures après, toutes en étaient couvertes. Encore quelques heures, et les voilà toutes mortes. Mes vaches, mon taureau et mes veaux ! Plus un seul animal vivant !

Samuel Parris pensa immédiatement à cette maladie qui décimait tout sur son passage. Il en avait entendu parler au cours de ses voyages, mais jamais il n'aurait pensé que cela pourrait arriver à sa paroisse. Il se pencha vers Edward Bishop et lui dit :

— Merci d'être venu me prévenir,. Rentrez chez vous et prévenez les autres éleveurs. Il se peut que votre troupeau ait contaminé les autres. Ne buvez pas le lait que vous avez trait aujourd'hui, il doit être infecté. Je vais tout de suite prévenir les villageois que l'eau de la rivière est sans doute malsaine et que personne ne doit la boire avant de l'avoir bien fait bouillir. Je connais cette maladie, Edward, et elle est destructrice. Rentrez maintenant et que Dieu vous garde.

Le pauvre homme se résigna et sortit. Ils le virent lutter contre les bourrasques de vent et de neige pour retourner au village. Le révérend se passa la main sur le visage. Il ordonna qu'on serve le souper et se tut jusqu'au moment où l'épaisse soupe à l'oignon de miss Salinger remplisse leurs assiettes et embaume la salle.

— Quelle est cette maladie dont tu parlais, papa ? demanda timidement Betty.

— Une terrible maladie, sans doute la plus meurtrière. Je ne la connais pas bien, je ne m'y suis jamais heurté, mais dans le monde, les gens en parlent avec effroi, désespoir et résignation.

— Il existe sans doute un remède... ?

— Non, et c'est pour cela que les gens la craignent autant.

— Comment se nomme-t-elle ?

— On l'appelle le choléra.

Ils restèrent silencieux car le révérend se demandait déjà quel impact ce triste fléau aurait sur le village. Les gens allaient paniquer, mais les plus dangereux seraient ceux qui se croiraient plus forts que la maladie. Ceux-là seraient une menace pour les autres habitants. Il soupira profondément. Un malheur n'arrivait jamais seul. Il l'avait bien vu ces derniers temps. Noël n'allait pas être une fête cette année. Il se leva et sortit précipitamment annoncer la mauvaise nouvelle au village.

Le lendemain, il s'aperçut que ses craintes étaient fondées. La plupart des bêtes étaient tombées malades et les cadavres étaient entassés à l'extérieur du village, dans une plaine, puis brûlés. L'immense charnier transformé en brasier rappelait inlassablement aux villageois que c'était leur subsistance et leur labeur qui s'envolaient en fumée. Beaucoup de femmes pleuraient et les éleveurs étaient tous abattus. Mais le révérend était encore plus inquiet car il n'avait pas réussi à faire entendre raison à ses paroissiens. Ceux-ci pensaient sincèrement qu'une maladie attrapée par une vache ne pouvait se transmettre à un homme. Il eut beau leur répéter qu'il leur fallait faire attention avec l'eau qu'ils buvaient, qu'ils devaient à tout prix la faire bouillir avant de la consommer, tous étaient bien trop accablés par le malheur qui les frappait. Et cela continua. Abigail et Betty étaient tenues à l'écart, mais elles savaient bien ce qui se passait. Toutes les nuits, elles entendaient Tituba descendre et sortir. Peut-être se rendait-elle à la clairière en compagnie des jumelles Parker, mais Abigail était persuadée qu'elle allait plutôt dans les troupeaux essayer de guérir les bêtes. Cela fut confirmé lorsqu'une nuit Tituba gratta à leur porte et entra précipitamment.

— Vous devez venir m'aider, souffla-t-elle. Je suis épuisée et ça ne cesse d'augmenter. Venez avec moi.

Abigail ne voulait rien entendre et elle secoua la tête avec véhémence. Betty était partagée. Sous le couvert de la nuit et, de plus, pour une bonne cause, elle se sentait moins encline qu'Abigail à refuser aussi promptement. Elle décida qu'elle accompagnerait Tituba. Toutes deux regardèrent Abigail qui fixait obstinément son regard sur un coin de la chambre. Betty haussa les épaules et suivit Tituba dehors. Elles coururent à travers les champs et sur le petit sentier qui menait au village. Elles ne l'avaient pas encore atteint qu'une voix essoufflée chuchota derrière elles :

— Attendez-moi !

Abigail était venue. Elles traversèrent rapidement le village et se dirigèrent vers la ferme des Howe. C'était une assez grande exploitation et Joshua Howe possédait pas moins de cinquante têtes de bétail. Elles se rendirent dans le pâturage en prenant garde à ne pas s'enfoncer dans les congères nouvellement formées. Il n'y avait plus cinquante vaches, mais une vingtaine seulement. L'une d'elles flancha devant leurs yeux et s'écroula à terre, les yeux exorbités, la langue pendante et le corps parsemé de ces boutons noirs et purulents.

— Surtout, évitez de toucher les bêtes. Je ne sais pas comment se fait la contamination, mais ne tentons pas le diable.

— En avez-vous sauvé ces dernières nuits, Tituba? chuchota Abigail.

— Je ne saurais vous le dire, hélas. L'épidémie ne s'enraye pas facilement. Et si j'offre une nuit de plus à ces malheureuses bêtes, rien ne me dit qu'elles survivront au-delà. C'est pour cela que je viens chaque soir.

— Que devons-nous faire?

— Invoquez vos sorts de guérison les plus puissants et projetez-les vers les animaux. Asseyez-vous, vous tiendrez plus longtemps.

Elles lui obéirent et commencèrent leur travail. Très vite, la tête leur tourna. Heureusement que l'air était froid car sinon elles se seraient déjà évanouies. Tituba avançait bien plus vite qu'elles et ne semblait pas aussi fatiguée. Alors qu'elle venait de soigner trois bêtes, elle vint s'asseoir à leurs côtés en soupirant de lassitude.

— Je me demande si ce que nous essayons de faire ne relève pas de l'impossible, voire de la stupidité. Si vous n'attrapez pas cette maladie, vous en aurez une autre. Vous êtes si peu habillées pour ces températures! s'exclama Tituba se rendant compte des tenues des filles, qui étaient en chemise de nuit.

Elles restèrent assises un instant, contemplant les étoiles qui brillaient dans le ciel clair et sec. Celles-ci se découpaient parfaitement sur la voûte céleste et on apercevait même les rayons qu'elles dardaient. Sans ces conditions, cela aurait été une belle nuit. Tituba se relevait difficilement quand elles entendirent un cri puis virent une lampe à huile qui tremblotait en approchant. Tituba se retourna rapidement et plaqua ses grosses mains sur Abigail et Betty qui disparurent instantanément. Elles voulurent protester, mais Tituba leur fit signe de se taire. Elle ferma les yeux et invoqua son sortilège d'invisibilité pour elle mais n'y parvint pas. Elle disparut, prit l'apparence du paysage autour puis redevint visible. Il était trop tard. Joshua Howe était devant elle, armé d'un fusil. Sa femme, Elizabeth, le suivait et c'était elle qui tenait la lampe.

— Voilà notre coupable ! susurra Joshua Howe. Elizabeth, va tout de suite chercher l'inquisiteur Patton.

Betty se releva vivement, mais Tituba la fixa droit dans les yeux et lui fit comprendre que si elle tenait à la vie, il fallait qu'Abigail et elle partent toutes les deux.

— Qu'est-ce que tu regardes ? demanda l'éleveur, pas rassuré. Serais-tu accompagnée ?

Tituba ne daigna pas répondre et attendit patiemment qu'on vienne l'enfermer.

Abigail et Betty rentraient en courant, hébétées et les larmes aux yeux.

— Pourquoi s'est-elle laissé prendre comme ça ? demanda Betty. J'aurai pu la faire disparaître. Pourquoi nous a-t-elle maintenues à distance ainsi ?

— Que veux-tu dire ?

— Je peux jeter le sort d'invisibilité à distance. Mais il y avait autour d'elle comme un champ qui repoussait tous mes efforts. Oh, mon Dieu, mais que va-t-il lui arriver ? Nous devons en parler à papa !

— Non ! Réfléchis ! Comment pourrions-nous être au courant que Tituba est en prison à une heure où nous devrions être dans nos lits ? Il le saura bien assez tôt. Nous le laisserons se débrouiller. Tituba est puissante. Je doute que quelques pierres et barreaux de fer la maintiennent longtemps enfermée.

Elles rentrèrent dans la maison sans faire de bruit et s'enfouirent sous les couvertures en attendant avec anxiété le lendemain.

Très tôt, Cathy entra dans leur chambre accompagnée de Samuel Parris, ce qui était pour le moins inhabituel.

— Réveillez-vous, leur dit-il d'une voix douce. J'ai une mauvaise nouvelle à vous annoncer.

Elles firent de leur mieux pour avoir l'air curieux.

— Tituba a été arrêtée cette nuit, apparemment en train de jeter un sort aux vaches restantes du troupeau de Joshua Howe. Patton et ses inquisiteurs sont allés la chercher et elle est emprisonnée. Je ne sais pas ce qu'elle a fait, mais je tiens à vous dire que je suis désolé. Je sais que vous vous étiez attachées à elle.

— Ne peux-tu rien faire, papa ?

— Non, ma chérie, malheureusement. Tituba a été prise sur le fait. Elle sera jugée et sans doute… exécutée.

Elles poussèrent un cri d'horreur devant le simple constat du révérend.

La maison sans Tituba était désormais bien triste. Les filles Parris implorèrent le révérend d'obtenir qu'elles puissent voir Tituba. Cela fut refusé chaque fois, et Patton commença à devenir très intrigué. Il pensait que l'attachement que manifestaient Abigail et Betty à Tituba relevait plus de la complicité dans des faits de magie que d'amour filial. Il n'avait pas tort, mais personne ne le lui fit remarquer. Le procès de Tituba aurait lieu dans la semaine qui suivrait car villageois et inquisiteurs étaient débordés. Les bêtes continuaient à mourir, les femmes se faisaient arrêter, interroger puis étaient relâchées. Tous étaient anxieux et les inquisiteurs se plaisaient à faire régner la terreur partout où ils passaient.

Le lendemain de l'arrestation de Tituba eut lieu l'exécution de Rebecca Nurse, déclarée coupable de faits de magie ayant entraîné la mort d'une personne. Elle fut par la suite aussi accusée d'avoir déclenché la malédiction qui frappait le bétail. Tituba avait été accusée du même crime, mais pour celle-ci, il fallait attendre le procès. La capture des coupables souleva un vent de révolte et tous les jours de leur emprisonnement des gens vinrent hurler devant les murs de la prison des imprécations et des mises à mort. Ils furent finalement écoutés. Le bûcher de Rebecca fut installé sur la place du village, à côté de la fontaine au cas où cela tournerait au désastre. Pendant plusieurs heures, des hommes superposèrent des ballots de paille et du bois, puis un poteau fut installé auquel on attacherait la prisonnière. Tout le village s'était réuni pour l'occasion, persuadé naïvement que dès que la mort emporterait la sorcière tout redeviendrait normal. Deux hommes traînèrent Rebecca Nurse sur la place. Les cheveux hirsutes, elle était mal en point et avait perdu plusieurs dents. Des bleus maculaient ses bras et ses jambes ; ses pieds nus étaient couverts de sang, ses ongles ayant été arrachés. Tous ses enfants étaient là et regardaient tristement leur mère qui n'en avait plus les traits. Les plus jeunes pleuraient, consolés tant bien que mal par leurs aînés. Sur le bûcher, elle tenta de se débattre mais les deux inquisiteurs la maintinrent fermement et l'attachèrent les mains dans le dos au poteau. Ses yeux roulaient, déments, et les villageois étaient sincèrement effrayés par les nouveaux traits de leur boulangère. Patton brandit une torche et sans un mot, sans laisser le temps à Rebecca de dire quoi que ce soit, il la jeta sur le bûcher. La paille flamba instantanément et les flammes coururent jusqu'au bas de la robe de Rebecca qui s'enflamma. Ce fut à ce moment-là que les filles Parris pensèrent que Rebecca perdit véritablement l'esprit. Elle se mit à hurler si fort que des gens se bouchèrent les oreilles. Ses cris étaient atroces et elle cria de plus belle quand le feu s'en prit à ses cheveux. Le bûcher était en flammes et l'inquisiteur le regardait, les yeux dans le vague, souriant distraitement. Rebecca allait bientôt perdre connaissance. Mais Patton se retourna car au milieu des cris inhumains qu'elle poussait tandis que les langues de flammes dévoraient sa chair et la faisaient grésiller, charriant une atroce odeur de porc grillé, tous entendirent distinctement :

— Ce sont des sorcières, des démons ! Les filles Parris !